MÄNNER
WIRTSCHAFT

MAX PFANNENWENDER

MÄNNER
WIRTSCHAFT

DAS KOCHBUCH FÜR HUNGRIGE KERLE

Hölker Verlag

INHALT

Vorwort 7
Einleitung 8
Praktische Küchenhelfer 8
Grundvorräte 10
Einkaufen ohne Stress 11
Einfrieren 11

AFTER WORK
Schnelle Rezepte 12

FÜR KÜCHENKAVALIERE
Rezepte zum Verführen 40

BREAKFAST ALL DAY
Rezepte für den Morgen danach 64

LOS, WIR GRILLEN
Rezepte mit Feuer 86

MÄNNERABEND
Rezepte für feuchtfröhliche Runden 110

JETZT WIRD'S SÜSS
Rezepte für hinterher 138

Rezeptverzeichnis 154
Küchentricks 156
Register 158

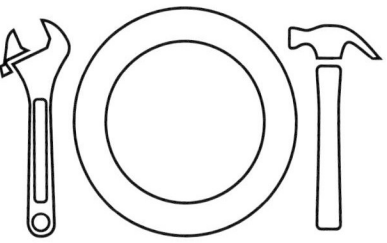

VORWORT

Du willst endlich auch in der Küche deinen Mann stehen und weißt nur noch nicht wie? Dann bist du hier genau richtig. Wir haben dir eine Vielzahl von einfachen, aber dafür nicht weniger raffinierten Rezepten zusammengestellt, die dir garantiert gelingen. Dazu findest du jede Menge praktische Tipps und Tricks, die dir den Küchenalltag erleichtern und mit denen du vor deinen Freunden glänzen kannst.

Die Anzahl der Personen, für die die Rezepte berechnet sind, richtet sich nach dem Thema des jeweiligen Kapitels. Aber eigentlich sind alle Gerichte so lecker, dass du auch gleich die doppelte Menge kochen und Reste hinterher einfrieren kannst. Ganz wichtig: Lies dir das ausgewählte Rezept vor dem Kochen gründlich durch, und zwar von Anfang bis Ende. So sparst du Zeit und Nerven, weil Wartezeiten für die nächsten Arbeitsschritte genutzt werden können und ärgerliche Fehler erst gar nicht passieren. Auch wichtig, damit das ganz große Küchenchaos ausbleibt: Stell dir vor dem Kochen die Zutaten, das nötige Zubehör und wichtige Küchenhelfer bereit. So hast du alles in Reichweite und musst dich nicht über eine angebrannte Soße ärgern, weil du den Schneebesen auf die Schnelle nicht findest.

Du siehst: Kochen ist total einfach und kann großen Spaß machen – vor allem dann, wenn du zum ersten Mal überschwängliches Lob für deine leckere Bolognese oder dein knuspriges Wiener Schnitzel einheimst. Mit der Zeit wirst du immer weniger am Rezept „kleben" und selbst kreativ. Und eh du dich versiehst, brauchst du gar keine Kochanleitung mehr und wirst zum wahren Küchenhelden.

Bis es so weit ist, wünschen wir dir viel Vergnügen in unserer Männerwirtschaft und beim Nachkochen der Rezepte. Guten Appetit!

EINLEITUNG

Bevor du mit dem Kochen loslegst, solltest du einen kritischen Blick in deine Küche und in deinen Vorratsschrank werfen und überprüfen, ob du alles Wichtige dahast. Denn mit einem halb garen Gericht im Ofen noch mal schnell in den Supermarkt zu hetzen, weil etwas Wesentliches fehlt, ist echt nervig.

PRAKTISCHE KÜCHENHELFER

Diese Grundausstattung sollte auf gar keinen Fall in deiner Küche fehlen: Diverse **Messer** in verschiedenen Größen – mindestens ein großes Kochmesser zum Schneiden von Fleisch und ein kleineres zum Schnippeln von Gemüse und zum Schälen von Obst. Auch praktisch: ein gutes Brotmesser. Das A und O bei allen Messern, die du in der Küche verwendest: Scharf müssen sie sein. Wird dein Messer stumpf, steigt die Verletzungsgefahr.

Ein oder zwei **Schneidebretter** (bitte nicht aus Glas, denn die machen deine Messer kaputt!) – möglichst schwer sollten sie sein, damit sie dir beim Schneiden nicht davonrutschen. Ein größeres Brett aus Holz und ein kleineres aus Kunststoff sind eine gute Wahl. Um unschöne Risse im Holzbrett zu vermeiden, kannst du es ab und zu mit etwas Öl einreiben.

Mehrere **Schüsseln** in unterschiedlichen Größen – zum Rühren, Zwischenlagern und Mischen. Am besten wählst du welche aus Metall oder Glas. Ein Nachteil von Kunststoffschüsseln: Oft kriegst du sie nur schwer sauber.

Pürierstab, Mixer oder Küchenmaschine – für den Anfang reicht ein Pürierstab, zum Beispiel um Suppen zu kochen. Aber wenn du häufiger in der Küche stehst, wirst du schnell merken, dass dir ein Mixer oder eine Küchenmaschine das Kochen wesentlich mehr erleichtern werden.

Mindestens zwei, besser drei bis vier **Kochtöpfe** in verschiedenen Größen – am besten aus Edelstahl und mit möglichst dickem Boden, der dafür sorgt, dass alles schön gleichmäßig gart und nicht so schnell anbrennt.

Eine hochwertige **beschichtete Bratpfanne** – mit Metallgriff kannst du sie ebenfalls in den Backofen stellen.

Eine **Auflaufform** – aus Glas, Porzellan oder Metall.

Mindestens ein **Küchensieb** – um Nudeln oder Kartoffeln abzugießen ist ein großes Standsieb unentbehrlich. Zum Backen ist ein feines Drahtsieb hilfreich, zum Beispiel um Mehl durchzusieben.

Eine ordentliche **Reibe** – mit der du Hartkäse oder Gemüse klein kriegst. Am besten wählst du eine Vierkantreibe, die einen guten Stand hat. Auch praktisch: eine **Mandoline**, mit der du zum Beispiel Gemüse in hauchdünne Scheiben hobeln kannst.

Eine **Küchenwaage** – zum Backen unbedingt notwendig. Eine Digitalwaage ist besonders genau, aber wenn du nicht so der Back- und Desserttyp bist, tut's für den Anfang auch ein **Messbecher**.

Für Kuchenbäcker sind ein **Muffinblech** und ein oder zwei **Springformen** ein Muss – am besten in den gängigen Größen, zum Beispiel eine 20er-, eine 24er- oder 26er-Form.

Kleinere, aber genauso wichtige Helfer zum Kochen:
- Dosenöffner
- Kartoffelstampfer
- Küchenzange
- mehrere Kochlöffel (am besten aus Holz)
- Pfannenwender
- Schaumlöffel
- Schneebesen
- Sparschäler
- Spritzbeutel
- Suppenkelle
- Teigschaber

GRUNDVORRÄTE

Die folgenden Zutaten – oder eine Auswahl davon, ganz nach deinem Geschmack – solltest du immer dahaben, damit du auch mal spontan zum Kochlöffel greifen kannst. Sie sind alle längere Zeit haltbar und lassen sich gut lagern.

Basics:

- Balsamicoessig
- Bohnen (Dose)
- Couscous
- Eier
- Gemüsebrühe (Instant)
- Honig
- Hühnerbrühe (Instant)
- Kokosmilch
- Nüsse
- Olivenöl
- Pasta
- Reis
- Senf
- Sojasoße
- Sonnenblumen- oder Rapsöl
- Tomaten (Dose)
- Wein zum Kochen (rot und weiß)
- Weißweinessig

Backzutaten:

- Backpulver
- Kakaopulver
- Mehl
- Schokolade
- Speisestärke
- Trockenhefe
- Vanillezucker
- Zucker (feiner und brauner Zucker)

Gewürze & Kräuter:

- Basilikum
- Chiliflocken
- Chilipulver
- Currypulver
- Dill
- Estragon
- Fenchel
- Kardamom
- Koriander
- Kreuzkümmel
- Kurkuma
- Lorbeer
- Majoran
- Meersalz
- Muskatnuss
- Nelken
- Oregano
- Paprika
- Petersilie
- Pfeffer (am besten frisch gemahlen)
- Rosmarin
- Salz
- Schnittlauch
- Sternanis
- Thymian
- Vanille
- Zimt

EINKAUFEN OHNE STRESS

Nicht nur beim Kochen ist es hilfreich, strukturiert an die Sache heranzugehen. Eine gute Organisation erleichtert dir auch das Einkaufen, und du sparst jede Menge Zeit. Wenn du bestimmte Grundvorräte zu Hause hast, musst du seltener Großeinkäufe erledigen. Du überlegst dir, was du für die nächsten Tage an frischen Lebensmitteln brauchst, und kaufst auch nur die ein. Schreib dir vorher eine Einkaufsliste, und zwar in der Reihenfolge, in der die Produkte im Supermarkt üblicherweise angeordnet sind. Also zuerst alles, was du an Gemüse und Obst brauchst, dann die Sachen aus dem Kühlregal usw. So läufst du mit deiner Liste nicht tausendmal hin und her, schmeißt Dinge in den Wagen, die du gar nicht brauchst, und vergisst am Ende doch das Wichtigste. Auch praktisch: Einkaufs-Apps, die du sogar gemeinsam mit deinen Mitbewohnern nutzen kannst.

EINFRIEREN

Reste oder auch einzelne rohe Lebensmittel einzufrieren ist unglaublich praktisch. Allerdings solltest du ein paar Dinge beachten, damit das Essen aufgewärmt genauso gut schmeckt wie frisch gekocht:

- Du kannst fast alles einfrieren. Nur frisches Gemüse mit viel Wasseranteil oder sahnehaltige Speisen eignen sich weniger gut.
- Am besten frierst du alles so schnell wie möglich ein – frisch zubereitetes Essen aber immer erst auf Zimmertemperatur bringen!
- Verpacke dein Gefriergut luft- und feuchtigkeitsundurchlässig. Praktisch sind Gefrierbeutel mit Zipper.
- Hab immer einen Permanentstift zur Hand und beschrifte deinen Gefrierbeutel mit Inhalt und Einfrierdatum.
- Entrümple alle paar Monate dein Gefrierfach und brauche alles auf, was schon länger lagert.
- Zum Auftauen die Speisen am besten abgedeckt über Nacht in den Kühlschrank stellen. Wenn mal weniger Zeit ist, kannst du sie auch bei Zimmertemperatur auftauen. Dann so schnell wie möglich erhitzen und aufessen.

01 AFTER WORK

SCHNELLE REZEPTE

Kennst du das auch? Du kommst nach der Arbeit abgehetzt, müde und hungrig nach Hause, und nach einem kurzen Blick in den entsetzlich leeren Kühlschrank bleibt dir vermeintlich nur noch eine Option: der Griff zur Tiefkühlpizza. Doch schon beim Essen meldet sich das schlechte Gewissen. Damit ist jetzt Schluss! Denn es gibt so viele einfache und schnelle Rezepte, die sich mit nur wenigen Zutaten, die du meist sowieso im Vorratsschrank hast, im Handumdrehen zubereiten lassen. Und ob du es glaubst oder nicht, schon beim Kochen kann man herrlich entspannen.

BLÄTTERTEIGTARTE MIT TOMATEN UND FETA

Beide Tomatensorten waschen und trocken tupfen. Die Kirschtomaten halbieren, die Strauchtomaten in Scheiben schneiden. Feta zerbröseln.

Den Backofen auf 200 °C (Umluft 180 °C) vorheizen. Die Arbeitsfläche mit Mehl bestäuben, den Blätterteig darauflegen und mit dem Nudelholz noch etwas dünner rollen. Mehrfach mit einer Gabel einstechen, dann auf ein mit Backpapier ausgelegtes Blech legen. Die Crème fraîche dünn darauf verstreichen, dabei einen ca. 1,5 cm breiten Rand aussparen und diesen mit dem Ei einpinseln. Die Tarte gleichmäßig mit Tomaten und Feta belegen, mit Oregano, Thymian, Salz und Pfeffer würzen und mit Olivenöl beträufeln. In ca. 20 Minuten goldbraun backen.

Währenddessen das Basilikum abbrausen, trocken tupfen und die Blättchen abzupfen. Die fertige Tarte in Stücke schneiden und mit Basilikumblättchen garniert servieren.

150 g Kirschtomaten
2 reife Strauchtomaten
150 g Fetakäse
1 Rolle Blätterteig (Kühlregal)
75 g Crème fraîche
1 Ei, verquirlt
1½ TL getrockneter Oregano
1½ TL getrockneter Thymian
Salz
frisch gemahlener Pfeffer
Olivenöl zum Beträufeln

Außerdem:
Mehl für die Arbeitsfläche
2 Stängel Basilikum nach Belieben

BRATKARTOFFELN DE LUXE

500 g festkochende Kartoffeln (möglichst gleich groß)
Salz
1 kleine Zwiebel
60 g geräucherter Speck
1½ EL Butterschmalz
3 Zweige Thymian
frisch gemahlener Pfeffer

Die Kartoffeln sorgfältig abbürsten und mit der Schale 15–20 Minuten (je nach Größe) in einem Topf mit Salzwasser kochen. Abgießen, kurz ausdampfen lassen und vorsichtig pellen (das geht in noch sehr warmem Zustand einfacher als in kaltem). Die Kartoffeln vollständig auskühlen lassen (am besten kocht man sie schon am Vortag und stellt sie über Nacht in den Kühlschrank). Vor dem Braten in ca. 3 mm dünne Scheiben schneiden.

Zwiebel schälen und fein würfeln. Den Speck ebenfalls in kleine Würfel schneiden. In einer großen beschichteten Pfanne Butterschmalz bei hoher Temperatur erhitzen. Die Kartoffelscheiben darin auf der Unterseite goldbraun braten. Die Hitze reduzieren und die Kartoffeln durch Schwenken der Pfanne wenden (mit einem Pfannenwender brechen die dünnen Scheiben leicht). Sobald alle Kartoffelscheiben schön gebräunt und knusprig sind, Zwiebel- und Speckwürfel zugeben und ebenfalls leicht Farbe nehmen lassen. Dabei die Pfanne mehrmals schwenken, damit sich alles schön verteilt und nichts anbrennt.

Thymian abbrausen, trocken tupfen und die Blättchen abstreifen. Mit etwas Pfeffer und wenig Salz über die fertig gebratenen Kartoffeln streuen und sofort servieren.

SPAGHETTI CARBONARA

Für die Spaghetti reichlich Salzwasser in einem Topf aufkochen. Die Pasta nach Packungsanweisung al dente garen.

Währenddessen die Schalotte schälen und wie den Pancetta in kleine Würfel schneiden. In einer großen Pfanne die Butter zerlassen und die Pancettawürfel darin knusprig braten. Die Schalotte zugeben und anschwitzen.

Das Ei mit den Eigelben und dem geriebenen Käse gründlich verrühren. Mit etwas Salz und reichlich Pfeffer würzen. Die Petersilie abbrausen, trocken schütteln, die Blättchen klein zupfen und unter die Eiermischung mengen.

Die Spaghetti abgießen und tropfnass zu der Speckmischung in die Pfanne geben. Einmal durchrühren, dann die Pfanne vom Herd nehmen und sofort die Eiermischung sorgfältig untermengen. Die Spaghetti Carbonara nach Belieben mit Salz und Pfeffer abschmecken und sofort servieren.

250 g Spaghetti
Salz
1 Schalotte
80 g Pancetta oder durchwachsener Speck
2 TL Butter
1 Ei
2 Eigelb
80 g frisch geriebener Parmesan oder Pecorino
frisch gemahlener Pfeffer
2 Stängel glatte Petersilie

MAIS-JALAPEÑO-PUFFER

140 g Mehl
1½ TL Backpulver
80 g Kräuterfrischkäse
70 ml Milch
2 Eier
½ kleine Dose Mais (à 75 g)
1 Jalapeño
Salz
frisch gemahlener Pfeffer
1 Prise Chiliflocken
Olivenöl zum Braten

Mehl mit Backpulver in einer kleinen Schüssel vermengen. In einer weiteren Schüssel Frischkäse, Milch und Eier verrühren. Die Mehlmischung darübersieben und unterrühren. Den Mais gut abtropfen lassen und die Jalapeño putzen, von Samen befreien und fein hacken. Beides in die Schüssel geben, gut untermengen und den Pufferteig mit Salz, Pfeffer und Chiliflocken würzen.

Den Backofen auf 80 °C vorheizen. Eine große Pfanne erhitzen, etwas Olivenöl zugeben und drei Puffer (je 2 EL Teig) auf einmal ausbacken. Das dauert 2–3 Minuten pro Seite. Die fertigen Puffer im Ofen warm halten und so fortfahren, bis der Teig aufgebraucht ist.

Tipp: Dazu schmeckt ein Dip aus Naturjoghurt, etwas Honig oder Ahornsirup, 1 Spritzer Zitronensaft, Schnittlauchröllchen und ordentlich Salz und Pfeffer.

CHEFSALAT

Die Eier in ca. 9 Minuten hart kochen, anschließend abschrecken und pellen. Das Gemüse waschen und putzen. Die Salatblätter etwas kleiner zupfen, Radieschen und Gurke in Scheiben schneiden. Schinken und Käse in feine Streifen schneiden. Alles auf zwei Tellern anrichten.

Joghurt, Aioli und Ketchup in einer kleinen Schüssel verrühren. Mit Salz und Pfeffer würzen. Die Eier in Scheiben schneiden, auf dem Salat verteilen und mit reichlich Dressing beträufeln. Mit geröstetem Weißbrot servieren.

2 Eier
1 Romanasalatherz
1 Handvoll Radieschen
½ Salatgurke
50 g Kochschinken
30 g Käse (z. B. Gouda)
4 EL Naturjoghurt
2 EL Aioli (s. Rezept auf S. 109)
2 TL Ketchup
Salz
weißer Pfeffer
geröstetes Weißbrot
zum Servieren

REIS-GEMÜSE-PFANNE MIT PUTENSTREIFEN

125 g Reis
250 g Putenbrustfilet
2 Schalotten
1 Möhre
½ rote Paprikaschote
½ kleine Zucchini
2 EL Olivenöl
Salz
frisch gemahlener Pfeffer
1 TL Butter
1 TL gemahlene Kurkuma
250 ml Gemüsebrühe
1 Prise Chilipulver

Den Reis unter kaltem Wasser abspülen und gut abtropfen lassen. Das Fleisch ebenfalls kurz abspülen und sorgfältig trocken tupfen, dann in fingerdicke Streifen schneiden. Die Schalotten schälen und fein würfeln. Möhre schälen und in dünne Stifte schneiden. Paprika waschen, putzen, von Samen und Scheidewänden befreien und ebenfalls in Streifen schneiden. Zucchini nach Belieben schälen oder putzen und würfeln.

Das Öl in einer Pfanne erhitzen und die Putenstreifen darin von allen Seiten bei mittlerer bis hoher Temperatur in wenigen Minuten goldbraun anbraten, bis das Fleisch knapp durchgegart ist. Mit Salz und Pfeffer würzen, dann mit einem Schaumlöffel auf einen tiefen Teller heben, mit Alufolie abdecken und beiseitestellen. Die Butter ins Bratfett geben und die Schalotten darin glasig schwitzen. Dann das übrige Gemüse zugeben und ein paar Minuten mitschwitzen. Kurkuma hinzufügen und kurz anrösten.

Anschließend den Reis einrühren, die Gemüsebrühe zugießen und aufkochen. Die Reis-Gemüse-Pfanne 10–12 Minuten köcheln lassen. Das Putenfleisch wieder zugeben, alles vermengen und noch einige Minuten bei geringer Hitze durchziehen lassen. Mit Salz, Pfeffer und Chilipulver abschmecken, auf Teller verteilen und servieren.

STRAMMER MAX

Die Gewürzgurke in dünne Scheiben schneiden. Die Paprika putzen, von Samen und Scheidewänden befreien und fein würfeln. Petersilie abbrausen, trocken tupfen und die Blättchen abzupfen. Das Graubrot unter dem heißen Backofengrill oder im Toaster in wenigen Minuten knusprig rösten.

Währenddessen 2 TL Butter in einer großen Pfanne erhitzen und die Eier darin bei mittlerer Temperatur zu Spiegeleiern braten. Mit Salz, Pfeffer und etwas Paprikapulver würzen.

Die Brotscheiben mit der restlichen Butter bestreichen und mit Schinken und Gewürzgurke belegen. Die Brote halbieren und jeweils 1 Ei auf eine Brothälfte legen. Mit Paprikawürfeln und Petersilie bestreuen und sofort servieren.

1 Gewürzgurke

¼ rote Paprikaschote

ein paar Stängel krause Petersilie

2 große Scheiben Graubrot

4 TL Butter

4 kleine Eier

Salz

frisch gemahlener Pfeffer

Paprikapulver (edelsüß)

2 große Scheiben geräucherter Schinken (alternativ Kochschinken oder kross gebackener Bacon, s. Küchentrick auf S. 156)

SCHARFE TOMATENSUPPE

---

1 Zwiebel
2 Knoblauchzehen
1 rote Chilischote
1 TL Butter
1 TL Olivenöl
1 EL Tomatenmark
1 Dose stückige Tomaten (à 400 g)
250 ml Gemüsebrühe
1 TL getrockneter Thymian
1 TL getrocknetes Basilikum
Meersalz
frisch gemahlener Pfeffer
Zucker
100 ml Sahne nach Belieben
geriebener Parmesan zum Servieren

Zwiebel und Knoblauch schälen und fein würfeln. Chili von Samen befreien, putzen und ebenfalls fein würfeln.

Butter und Olivenöl in einem Topf erhitzen. Zwiebel, Knoblauch und Chili darin bei mittlerer Temperatur für ca. 5 Minuten anschwitzen. Das Tomatenmark einrühren, dann die Tomaten und die Brühe zugeben. Alles aufkochen und ca. 15 Minuten bei mittlerer Temperatur köcheln lassen.

Die Suppe mit einem Pürierstab fein mixen. Mit Thymian, Basilikum, Salz, Pfeffer und etwas Zucker würzen. Nach Belieben Sahne unterrühren und mit Parmesan bestreut servieren.

SANDWICH-VARIATIONEN

Die Toastbrotscheiben entweder vor dem Belegen im Toaster oder in der Pfanne (dann von einer Seite dünn mit Butter einstreichen) rösten oder hinterher mit Belag im Sandwichtoaster oder unter dem heißen Backofengrill zubereiten. Nach Belieben von der Rinde befreien und nach Wahl belegen. Mit Salz und Pfeffer würzen, diagonal halbieren und sofort servieren.

Tipp: Als Alternative zum Sandwichtoaster bietet sich auch eine heiße Grillpfanne an: Einfach die fertig belegten Sandwiches hineinlegen und mit einem massiven Topf beschweren, sodass sie fest auf den Boden der Pfanne gedrückt werden. Unter einmaligem Wenden pro Seite ca. 5 Minuten rösten.

4 Scheiben Toastbrot
Butter zum Bestreichen
Salz
frisch gemahlener Pfeffer

Belag-Variationen:

2 TL rotes Pesto · 2 dicke Scheiben Pecorino · 2 Peperoni, halbiert · 4 Scheiben Parmaschinken

4 TL Mayonnaise · 2 Salatblätter
2 gebratene Spiegeleier
2 Tomatenscheiben · 2 Scheiben kross ausgebackener Bacon

4 EL Frischkäse · 4 Scheiben Salami · gegrillte Paprika, abgetropft (Glas)
Basilikumblättchen

4 TL Remoulade · 2 hart gekochte Eier, in Scheiben
½ Gurke, in dünnen Scheiben
1 Frühlingszwiebel, in Ringen

FUSSILI MIT BASILIKUMPESTO

Für die Nudeln:
250 g Fussili
Salz
4 Stängel Basilikum
frisch gemahlener Pfeffer
Olivenöl zum Beträufeln
gehobelter Parmesan nach Belieben

Für das Basilikumpesto:
40 g Basilikum
30 g Parmesan
2 Knoblauchzehen
1 Handvoll Pinienkerne
50 ml Olivenöl plus etwas extra
Salz
frisch gemahlener Pfeffer

Für das Pesto das Basilikum abbrausen, trocken tupfen und die Blättchen abzupfen. Parmesan reiben, Knoblauch schälen und hacken. Die Pinienkerne trocken in einer Pfanne goldbraun rösten, dabei häufig umrühren, damit sie nicht verbrennen. Basilikumblättchen, Parmesan, Knoblauch und Pinienkerne mit dem Olivenöl in einem Mixer oder mit dem Pürierstab fein mixen, bis eine homogene Masse entsteht. Das Pesto mit Salz und Pfeffer abschmecken.

Die Fussili in einem großen Topf mit Salzwasser nach Packungsanweisung al dente garen. Währenddessen das Basilikum abbrausen, trocken tupfen und die Blättchen etwas kleiner zupfen. Die Nudeln abgießen, abtropfen lassen und auf Teller verteilen. Reichlich Pesto daraufgeben und mit Pfeffer und Basilikum bestreuen. Etwas Olivenöl darüberträufeln und die Pasta mit gehobeltem Parmesan garniert servieren.

RINDERSTEAK-CROSTINI

Für das Dressing alle Zutaten gründlich miteinander verrühren und beiseitestellen.

Für die Crostini den Backofen mit zugeschalteter Grillfunktion auf 220 °C erhitzen. Rucola waschen, putzen und gründlich trocken schleudern. Die Ciabattabrötchen in dicke Scheiben schneiden und von beiden Seiten mit Olivenöl beträufeln. Dann auf dem Gitterrost im heißen Ofen in ein paar Minuten knusprig rösten. Den Knoblauch schälen, halbieren und die gerösteten Ciabattascheiben auf beiden Seiten damit einreiben. Auf eine Servierplatte legen.

Etwas Öl in einer Pfanne erhitzen. Die Steaks darin bei starker Hitze 1½–2 Minuten pro Seite (je nach Dicke und gewünschtem Gargrad) braten. Kräftig mit Salz und Pfeffer würzen und für 5 Minuten in Alufolie gewickelt ruhen lassen. Dann in dünne Streifen schneiden und auf die Ciabattascheiben legen. Den ausgetretenen Fleischsaft darüberträufeln. Rucola und Dressing daraufgeben und die Crostini mit reichlich gehobeltem Parmesan bestreut servieren.

Für die Crostini:

80 g Rucola

2 Ciabattabrötchen

Olivenöl zum Beträufeln

2 Knoblauchzehen

Sonnenblumen- oder Rapsöl zum Braten

2 kleine Rumpsteaks (à 150 g)

Salz

frisch gemahlener Pfeffer

gehobelter Parmesan nach Belieben

Für das Dressing:

1 EL Balsamicoessig

½ TL Honig

3 EL Olivenöl

Salz

frisch gemahlener Pfeffer

KARTOFFELSUPPE

2 Schalotten
400 g mehligkochende Kartoffeln
1 EL Olivenöl
1 TL Butter
ca. 500 ml Hühner- oder Gemüsebrühe
Schnittlauch nach Belieben
100 ml Sahne
Salz
frisch gemahlener Pfeffer
frisch geriebene Muskatnuss
½ TL getrockneter Estragon

Schalotten schälen und fein würfeln. Kartoffeln schälen und in 2–3 cm große Würfel schneiden. Olivenöl und Butter in einem Topf erhitzen. Die Schalotten darin in 3 Minuten glasig schwitzen, dann die Kartoffeln zugeben und ein paar Minuten mitrösten. Mit so viel Brühe ablöschen, dass die Kartoffelwürfel gerade von Flüssigkeit bedeckt sind. Alles einmal aufkochen, den Deckel auflegen und bei niedriger bis mittlerer Temperatur ca. 20 Minuten köcheln lassen.

Währenddessen den Schnittlauch abbrausen, trocken tupfen und in Röllchen schneiden. Sobald die Kartoffelwürfel weich sind, mit einem Pürierstab mixen. Wer es lieber etwas gröber mag, püriert die Suppe kürzer, sodass noch einzelne Kartoffelstückchen in der Suppe verbleiben. Die Sahne unterrühren und die Suppe mit Salz, Pfeffer, etwas Muskat und Estragon würzen. Sollte die Suppe zu dickflüssig sein, noch etwas Brühe einrühren. Die Kartoffelsuppe auf Teller verteilen und mit Schnittlauch bestreut servieren.

Tipp: Dieses Basisrezept lässt sich leicht variieren, zum Beispiel durch verschiedene Einlagen wie Speckwürfel, Würstchenscheiben oder knusprig gebratene Croûtons oder durch andere Kräuter, beispielsweise Thymian und Petersilie. Du kannst aber auch einen Teil der Kartoffeln durch anderes Gemüse ersetzen.

TEX MEX TORTILLAS

Zwiebel und Knoblauch schälen und sehr fein hacken. Das Öl in einer Pfanne erhitzen und das Hackfleisch darin braun anbraten. Zwiebel und Knoblauch zugeben und kurz mitbraten. Die Mischung mit Salz, Pfeffer, Chiliflocken und Kreuzkümmel kräftig würzen. Die Tomaten untermischen und ca. 5 Minuten bei mittlerer Hitze köcheln lassen.

Den Salat waschen, putzen und die Blätter in Streifen schneiden. Die Frühlingszwiebeln ebenfalls putzen und in feine Ringe schneiden. Das Fruchtfleisch der Avocado auslösen und in eine kleine Schale geben. Limettensaft und etwas Salz zufügen und mit einer Gabel untermischen. Koriander abbrausen, trocken tupfen und die Blättchen kleiner zupfen.

Die Tortillas kurz in einer heißen trockenen Pfanne von beiden Seiten anrösten. Dann auf der Arbeitsfläche auslegen und die Hackmischung, Salat, Frühlingszwiebeln, Avocado, Crème fraîche und Korianderblättchen daraufgeben. Zusammenrollen und genießen.

1 kleine rote Zwiebel
2 Knoblauchzehen
1 EL Sonnenblumen- oder Rapsöl
250 g Rinderhackfleisch
Salz
frisch gemahlener Pfeffer
½ TL Chiliflocken
½ TL Kreuzkümmel
½ Dose stückige Tomaten (à 200 g)
1 kleines Romanasalatherz
2–3 Frühlingszwiebeln
1 reife Avocado
1 TL Limettensaft
4 Stängel Koriandergrün
2 große Weizentortillas
75 g Crème fraîche

02 FÜR KÜCHENKAVALIERE

REZEPTE ZUM VERFÜHREN

Wie kannst du die Frau deines Herzens am besten beeindrucken? Mit einem perfekten Dinner! Denn nicht umsonst heißt es: Männer, die kochen, sind unwiderstehlich!
Damit am großen Tag auch nichts schiefgeht, kochst du am besten vorher Probe. Dann hast du die Arbeitsschritte und Garzeiten im Kopf und kannst dich am entscheidenden Abend auf andere Dinge konzentrieren.

RUCOLA MIT BIRNE UND PARMESAN

Für den Salat:
80 g Rucola
1 kleine reife Birne
40 g Pinienkerne
gehobelter Parmesan nach Belieben

Für das Dressing:
1 EL Zitronensaft
½ TL Honig
3 EL Olivenöl
Salz
frisch gemahlener Pfeffer

Für den Salat den Rucola waschen, putzen und trocken schleudern. Die Birne putzen, schälen und ohne Kerngehäuse in dünne Spalten schneiden. Die Pinienkerne trocken in einer Pfanne rösten. Rucola, Birnenspalten und Pinienkerne in einer Schüssel vermengen.

Für das Dressing alle Zutaten miteinander verrühren. Dann das Dressing unter den Salat mengen. Auf Teller verteilen und mit gehobeltem Parmesan bestreut servieren.

RINDERFILET MIT ROTWEINSOSSE

Das Fleisch Zimmertemperatur annehmen lassen. Den Backofen auf 120 °C (Umluft 110 °C) vorheizen und ein tiefes Backblech auf die mittlere Schiene stellen.

Für die Soße den Fond in einen Topf geben und auf zwei Drittel einkochen lassen. Die Zwiebel schälen und in Ringe schneiden. Die Pfefferkörner im Mörser (oder mit dem Nudelholz) grob zerstoßen. Die Kräuter abbrausen und trocken tupfen.

Das Rinderfilet in zwei gleich große Steaks schneiden und salzen. Das Öl in einer Pfanne erhitzen und die Steaks darin von jeder Seite ca. 2 Minuten braun anbraten. Anschließend in den vorgeheizten Ofen legen und in ca. 12 Minuten gar ziehen lassen.

Währenddessen die Zwiebel im verbliebenen Bratfett der Steaks anbraten. Mit Rotwein ablöschen und den zerstoßenen Pfeffer sowie die Kräuter zugeben. Alles auf die Hälfte einkochen lassen, dann mit reduziertem Rinderfond auffüllen. Weitere 5 Minuten kochen lassen. Die Soße durch ein feines Sieb zurück in den Topf geben, Kräuter, Pfefferkörner und Zwiebel entsorgen. Die Soße mit der kalten Butter binden und mit Salz und Pfeffer würzen. Die Steaks anrichten und mit der Soße servieren.

Für die Filets:

400 g Rinderfilet

Salz

2 EL Sonnenblumen- oder Rapsöl

Für die Soße:

250 ml Rinderfond (Glas)

1 große rote Zwiebel

½ TL Pfefferkörner

1 Zweig Rosmarin

2 Zweige Thymian

75 ml trockener Rotwein

40 g eiskalte Butter in Flöckchen

Salz

frisch gemahlener Pfeffer

MÖHREN-KOKOS-SUPPE

400 g Möhren
4 Frühlingszwiebeln
1 Stück frischer Ingwer (ca. 3 cm)
2 EL Sonnenblumen- oder Rapsöl
50 ml Orangensaft
ca. 400 ml Gemüsebrühe
2 EL Mandelblättchen
200 ml ungesüßte Kokosmilch
Salz
frisch gemahlener Pfeffer

Möhren schälen und grob würfeln. Frühlingszwiebeln putzen, waschen, trocken tupfen und die weißen und hellgrünen Abschnitte getrennt voneinander in Ringe schneiden. Ingwer schälen und fein hacken.

Das Öl in einem Topf erhitzen. Möhren, weiße Frühlingszwiebelringe und Ingwer darin ein paar Minuten bei niedriger bis mittlerer Hitze anschwitzen. Die Temperatur heraufschalten, das Gemüse mit Orangensaft ablöschen und diesen etwas einkochen lassen. Mit Gemüsebrühe auffüllen und alles bei geschlossenem Deckel ca. 20 Minuten köcheln lassen, bis die Möhren weich sind.

Währenddessen die Mandelblättchen trocken in einer Pfanne anrösten. Die Suppe mit dem Pürierstab fein mixen, dann die Kokosmilch unterrühren. Sollte die Suppe zu dickflüssig sein, noch etwas Gemüsebrühe unterrühren. Alles erneut aufkochen und mit Salz und Pfeffer würzen. Die Möhren-Kokos-Suppe auf Teller verteilen und mit grünen Frühlingszwiebelringen und Mandeln garniert servieren.

BROKKOLI-TARTE

Brokkoli putzen und in einzelne Röschen teilen. Schalotte und Knoblauch schälen und fein würfeln. Salzwasser in einem Topf zum Kochen bringen und die Brokkoliröschen darin in ca. 12 Minuten weich garen. Abgießen und abtropfen lassen.

Das Öl in einer Pfanne erhitzen und die Schalotten- und Knoblauchwürfel darin glasig schwitzen. Währenddessen die gegarten Brokkoliröschen mit der Crème fraîche in eine Schüssel geben und fein pürieren. Eier und Schalotten-Knoblauch-Mischung unterrühren und die Tartefüllung mit Salz, Pfeffer, Chiliflocken und Muskat würzen.

Den Backofen auf 190 °C (Umluft 170 °C) vorheizen. Die Butter zerlassen. Die Strudelteigblätter vierteln und auf der Arbeitsfläche auslegen. Jedes Viertel von beiden Seiten mit zerlassener Butter bepinseln und in eine Springform (ø 18 cm) legen, sodass sich alle Teigblätter überlappen, Boden und Rand der Form komplett bedeckt sind und die Blätter ca. 4 cm überstehen. Den Teigboden mit Semmelbröseln bestreuen und die Brokkolicreme gleichmäßig einfüllen. Den zerbröselten Fetakäse daraufstreuen und die überlappenden Teigränder darüberklappen. Die Tarte 25–30 Minuten backen. Sollte sie oben zu dunkel werden, kann sie in den letzten 10 Minuten mit Alufolie abgedeckt werden.

1 kleiner Kopf Brokkoli (ca. 300 g)
1 Schalotte
1 Knoblauchzehe
Salz
1 EL Olivenöl
75 g Crème fraîche
2 große Eier
frisch gemahlener Pfeffer
1 kräftige Prise Chiliflocken
1 Prise frisch geriebene Muskatnuss
40 g Butter
2 große Blätter Strudelteig (Kühlregal)
1 EL Semmelbrösel
150 g Fetakäse

PILZ-RISOTTO

2 Schalotten
1 Knoblauchzehe
1 kleine Stange Staudensellerie
2-3 Zweige Thymian
4 Stängel glatte Petersilie
250 g gemischte Pilze
1 EL Olivenöl
3 TL Butter
150 g Risottoreis
100 ml trockener Weißwein
ca. 400 ml Gemüsebrühe
Salz
frisch gemahlener Pfeffer
50 g geriebener Parmesan

Schalotten und Knoblauch schälen und fein würfeln. Staudensellerie putzen und ebenfalls in feine Würfel schneiden. Thymian und Petersilie abbrausen, trocken tupfen und die Blättchen der Petersilie kleiner zupfen. Die Pilze putzen und in Scheiben schneiden.

Öl und 1 TL Butter in einem Topf erhitzen. Schalotten, Knoblauch und Sellerie darin anschwitzen. Reis und Thymianzweige zugeben und kurz mit anbraten. Dann die Temperatur erhöhen und mit Wein ablöschen. Diesen komplett einkochen lassen, dann eine Kelle Brühe zugeben. Bei schwacher bis mittlerer Hitze unter Rühren köcheln lassen. Sobald der Reis die ganze Flüssigkeit aufgesogen hat, eine weitere Kelle Brühe zugießen. So weiterverfahren, bis der Reis weich, aber noch bissfest und die ganze Brühe aufgebraucht ist. Das dauert 20–25 Minuten.

Währenddessen die restliche Butter in einer Pfanne erhitzen und die Pilze darin in ca. 5 Minuten bei mittlerer Hitze unter gelegentlichem Wenden anbraten. Die Pfanne vom Herd nehmen und die Petersilie unterrühren; mit Salz und Pfeffer würzen. Sobald das Risotto fertig ist, die Pilzmischung und den geriebenen Parmesan untermischen. Thymianzweige entfernen und das Risotto mit Pfeffer abschmecken. Auf Teller verteilen und sofort servieren.

ROTE-BETE-CARPACCIO MIT WALNÜSSEN

Den Feldsalat verlesen, putzen, waschen und trocken schleudern. Die Nüsse trocken in einer Pfanne anrösten, anschließend grob hacken. Die Schalotte schälen und in feine Würfel schneiden. Pecorino hobeln oder reiben. Den Balsamico mit Senf und Olivenöl verrühren und das Dressing mit Salz, Pfeffer und Zucker würzen.

Die Rote Bete in feine Scheiben schneiden, dachziegelartig auf zwei große flache Teller verteilen und mit Feldsalat, Nüssen, Schalottenwürfeln und Pecorino bestreuen. Das Dressing großzügig darüberträufeln und das Carpaccio mit Ciabatta servieren.

2 Handvoll Feldsalat

2 EL Walnusskerne

1 Schalotte

50 g Pecorino

1½ EL Balsamicoessig

½ TL Senf

3 EL Olivenöl

Salz

frisch gemahlener Pfeffer

1 Prise Zucker

250 g vorgegarte Rote Bete

Außerdem:

1 kleines Ciabatta, in Scheiben geschnitten

COQ AU VIN

4 kleine Hähnchenschenkel
2 Möhren
4 Schalotten
1 Knoblauchzehe
250 g Champignons
1 Zweig Rosmarin
3 Zweige Thymian
2 EL Olivenöl
250 ml trockener Rotwein
200 ml Hühnerbrühe
Salz
frisch gemahlener Pfeffer
1 EL eiskalte Butter in Flöckchen
1 Prise Zucker

Die Hähnchenschenkel unter kaltem Wasser abspülen und trocken tupfen. Möhren, Schalotten und Knoblauch schälen. Die Möhren in dünne Scheiben schneiden, die Schalotten vierteln und den Knoblauch fein würfeln. Die Pilze putzen und vierteln. Rosmarin und Thymian abbrausen und trocken tupfen.

Das Öl in einem Bräter erhitzen. Die Hähnchenschenkel von allen Seiten goldbraun anbraten. Aus dem Bräter nehmen und beiseitestellen. Das vorbereitete Gemüse ein paar Minuten im Bratfett anschwitzen und mit Rotwein und Brühe ablöschen. Die Flüssigkeit aufkochen und die Hähnchenschenkel mit den Kräutern wieder zugeben. Kräftig mit Salz und Pfeffer würzen. Das Fleisch mit geschlossenem Deckel ca. 50 Minuten bei niedriger Temperatur schmoren.

Den Ofen auf 80 °C vorheizen. Das fertig gegarte Fleisch und das Gemüse mithilfe eines großen Schaumlöffels aus dem Bräter heben und in einer flachen Schüssel im Ofen warm halten. Die verbliebene Flüssigkeit aus dem Bräter durch ein Sieb in einen kleinen Topf gießen und aufkochen. Etwas reduzieren lassen, dann mit kalter Butter binden und mit Salz, Pfeffer und Zucker abschmecken. Hähnchenschenkel und Gemüse auf Tellern anrichten und mit der Soße servieren.

TERIYAKI-HÄHNCHEN MIT COUSCOUS

Die Hähnchenbrustfilets kalt abspülen und gründlich trocken tupfen, dann mit einem scharfen Messer längs in dünne Streifen schneiden. In eine flache Schüssel geben und gut mit der Teriyakisoße vermischen. Das Fleisch mit Frischhaltefolie abdecken und mindestens 1½ Stunden im Kühlschrank marinieren lassen.

Den Couscous in eine Schüssel füllen. Gemüsebrühe aufkochen und mit dem Couscous vermengen. Ca. 5 Minuten quellen lassen. Die Chili putzen, von Samen befreien und fein hacken. Die Pinienkerne trocken in einer Pfanne goldbraun rösten, dabei aufpassen, dass sie nicht verbrennen. Den fertigen Couscous mit einer Gabel auflockern. Dabei Olivenöl, Chili, Pinienkerne und Gewürze untermischen. Mit Salz und Pfeffer abschmecken.

Je 2–3 Hähnchenstreifen wellenförmig auf einen Holzspieß stecken. Das Olivenöl in einer großen Pfanne erhitzen und die Hähnchenspieße 2–3 Minuten pro Seite bei mittlerer bis hoher Temperatur anbraten. Die restliche Teriyakisoße aus der Schüssel sowie den Honig zugeben und die Spieße weitere 1–2 Minuten in der Pfanne ziehen und leicht karamellisieren lassen. Den Couscous auf Tellern anrichten, die Spieße darauflegen und sofort servieren.

Für das Hähnchen:

2 Hähnchenbrustfilets (à 180 g)
6 EL Teriyakisoße
3 EL Olivenöl
1 TL Honig

Für den Couscous:

150 g Couscous
ca. 150 ml Gemüsebrühe
1 Chilischote
30 g Pinienkerne
1 EL Olivenöl
1 TL gemahlener Kreuzkümmel
1 TL Currypulver
1 TL Paprikapulver (edelsüß)
½ TL gemahlener Koriander
Salz
frisch gemahlener Pfeffer

Außerdem:

4–6 Holzspieße (ca. 20 cm)

ZIEGENKÄSE-TÖRTCHEN

1 große weiße Zwiebel
1 EL Olivenöl
1 EL Balsamicoessig
1 gehäufter TL brauner Zucker
½ Rolle Blätterteig (Kühlregal)
1 Ei
1 Ziegenkäserolle (à 150 g), in 6 Scheiben geschnitten
1 TL getrockneter Thymian
frisch gemahlener Pfeffer

Außerdem:
Mehl für die Arbeitsfläche

Die Zwiebel schälen und fein hacken. Das Olivenöl in einer Pfanne erhitzen und die Zwiebel darin bei mittlerer Temperatur ca. 5 Minuten anschwitzen, bis sie etwas Farbe bekommen hat. Dann mit Balsamico ablöschen und den Zucker zufügen. Die Zwiebel unter Rühren karamellisieren und die Flüssigkeit kurz einköcheln lassen. Die Pfanne vom Herd nehmen.

Den Backofen auf 190 °C (Umluft 170 °C) vorheizen und ein Backblech mit Backpapier auslegen. Den Blätterteig auf der leicht bemehlten Arbeitsfläche ausbreiten und daraus mit einem Glas (ø ca. 7 cm) sechs Kreise ausstechen. Diese mit einer Gabel mehrfach einstechen, die Ränder mit etwas verquirltem Ei bepinseln. In die Mitte je eine Scheibe Ziegenkäse legen und mit karamellisierten Zwiebeln und etwas Thymian bestreuen. Die Törtchen auf das Backblech setzen und 15–18 Minuten backen, bis der Blätterteig am Rand aufgegangen und goldbraun ist. Mit Pfeffer bestreut servieren.

Tipp: Dieses Gericht ist eine sehr leckere Vorspeise – am besten in Kombination mit einem leichten grünen Salat.

GEBRATENE SEEZUNGE

Die Petersilie abbrausen, trocken tupfen und die Blättchen kleiner zupfen. Die Zitrone in Spalten schneiden.

Den Backofen auf 80 °C vorheizen und einen großen Teller auf die mittlere Schiene stellen. Die Seezungen innen und außen kalt abspülen und sorgfältig trocken tupfen. Eine Pfanne erhitzen und 2 EL Olivenöl hineingeben. Dann bei hoher Temperatur eine der Seezungen von beiden Seiten scharf anbraten. Das Bratfett weggießen, die Hälfte der Butter in die Pfanne geben und aufschäumen lassen. Die Temperatur reduzieren und die Seezunge in ca. 4 Minuten pro Seite fertig braten. Dabei die obere Seite des Fischs immer wieder mit Butter benetzen. Die gebratene Seezunge im Ofen warm halten, die zweite ebenso zubereiten.

Die Seezungen auf Tellern anrichten, salzen und pfeffern und mit Petersilie und Kapern bestreuen. Die Zitronenspalten danebenlegen und servieren.

Tipp: Hierzu passen Petersilienkartoffeln oder – für einen etwas deftigeren Auftritt – Bratkartoffeln (s. Rezept auf S. 16).

2 ganze küchenfertige Seezungen (à 350–400 g)
4 EL Olivenöl
80 g Butter
Salz
frisch gemahlener Pfeffer

Außerdem:
4 Stängel glatte Petersilie
½ Bio-Zitrone
2 TL Kapern

RINDFLEISCH-THAI-CURRY

Das Rinderfilet unter kaltem Wasser abspülen und gründlich trocken tupfen, dann in mundgerechte Stücke schneiden. Schalotte und Knoblauch schälen und fein hacken. Die Paprika putzen, von Samen und Scheidewänden befreien und in dünne Streifen schneiden.

In einer kleinen Schüssel Kokosmilch, Fischsoße, Limettensaft und Zucker gründlich mischen. Die Hälfte des Öls in einen Wok oder eine Pfanne geben und erhitzen. Schalotte, Knoblauch und Paprika zugeben und ein paar Minuten unter Rühren anbraten. Dann in eine Schüssel füllen. Das übrige Öl mit der Currypaste zugeben und bei hoher Hitze anrösten, bis sie aromatisch duftet. Dann die Kokosmilchmischung einrühren und aufkochen. Die Temperatur reduzieren und die Kokossoße in ca. 8 Minuten leicht eindicken lassen.

Währenddessen die Erdnüsse hacken. Den Koriander abbrausen, trocken tupfen und die Blättchen abzupfen. Sobald die Soße eine etwas dickere Konsistenz hat, das Fleisch mit dem angebratenen Gemüse in den Wok geben und 2-3 Minuten mitköcheln, bis es gerade gar ist. Das Curry mit dem gegarten Reis auf Teller verteilen und mit Erdnüssen und Koriander garnieren.

250 g Rinderfilet

1 Schalotte

1 Knoblauchzehe

½ rote Paprikaschote

125 ml ungesüßte Kokosmilch

2 EL Fischsoße

1 TL Limettensaft

1 TL gehackter Palmzucker (alternativ brauner Zucker)

2 EL Sonnenblumen- oder Rapsöl

1-2 TL rote oder gelbe Currypaste

Außerdem:

1 EL geröstete ungesalzene Erdnüsse

ein paar Stängel Koriander

gekochter oder gedämpfter Jasminreis zum Servieren

03 BREAKFAST ALL DAY

REZEPTE FÜR DEN MORGEN DANACH

Was ist das Einzige, das dich und deine Freunde nach einer durchfeierten Nacht wieder auf die Beine bringt? Richtig. Ein ordentliches Katerfrühstück. Und das ist trotz kleinem Brummschädel schnell und einfach zubereitet, wie die Rezepte auf den folgenden Seiten beweisen.

PANCAKES MIT PEKANNÜSSEN

2 große Eier
100 g weiche Butter plus etwas zum Ausbacken
125 g Mehl
1½ TL Backpulver
20 g feiner Zucker
1 Pck. Vanillezucker
180 ml Buttermilch
70 ml Milch
1 Prise Salz
1 EL Honig
1 TL Vanilleextrakt

Außerdem:
50 g Pekannüsse, grob gehackt

Die Eier trennen. 25 g Butter zerlassen. Mehl, Backpulver, Zucker und Vanillezucker in einer Schüssel mischen. In der Mitte eine Mulde formen und Eigelbe, Buttermilch, Milch und die zerlassene Butter hineingeben. Alles zu einem glatten Teig verrühren. Die Eiweiße mit dem Salz steif schlagen und behutsam unterheben. Den Teig ca. 20 Minuten quellen lassen.

Die übrige Butter mit dem Honig und dem Vanilleextrakt cremig rühren.

Den Backofen auf 75 °C vorheizen. Etwas Butter bei mittlerer Temperatur in einer großen beschichteten Pfanne zerlassen. Je drei kleine Kellen Teig auf einmal mit genügend Abstand zueinander in die Pfanne geben. Die Pancakes 2 Minuten backen, dann wenden und auch von der anderen Seite in 1–2 Minuten goldbraun backen. Die fertigen Pancakes im Ofen warm halten und mit dem restlichen Teig ebenso verfahren. Die Pancakes auf Tellern anrichten, mit Pekannüssen bestreuen und mit der Honig-Vanille-Butter servieren.

OBSTSALAT MIT SCHUSS

Die Limette heiß abwaschen und trocken tupfen. Die Schale fein abreiben und den Saft auspressen. Den Zucker in einer Pfanne karamellisieren lassen. 75 ml Wasser und den Limettensaft zugießen (Achtung, das spritzt!), kurz aufkochen und die Pfanne vom Herd nehmen. Den Kokoslikör zugeben und gut unterrühren. Den Sirup abkühlen lassen und mit dem Limettenabrieb mischen.

Die Ananas schälen, vierteln und den Strunk entfernen. Das Fruchtfleisch grob würfeln. Die Orangen schälen, dabei die bittere weiße Haut ebenfalls entfernen. Mit einem scharfen Messer vorsichtig die Orangenfilets herauslösen. Apfel und Birne waschen und putzen oder nach Belieben schälen, dann vierteln, entkernen und klein schneiden. Die Mango schälen, das Fruchtfleisch vom Stein lösen und würfeln. Die Kiwis schälen, halbieren und in Scheiben schneiden. Trauben waschen, trocken tupfen und abstreifen.

Alle Früchte in eine Schüssel geben und mit dem Kokos-Limetten-Sirup mischen. Abdecken und mindestens 1 Stunde im Kühlschrank durchziehen lassen. Mit Minzeblättchen garniert servieren.

1 Bio-Limette
50 g brauner Zucker
2 EL Kokoslikör
1 reife Baby-Ananas
2 Orangen
1 Apfel
1 Birne
1 große reife Mango
2 Kiwis
150 g kernlose Trauben

Außerdem:

Minzeblättchen zum Garnieren

CHORIZO-RÜHREI

1 Schalotte
½ Paprikaschote
1 Knoblauchzehe
1 Chorizo (ca. 150 g)
1 EL Olivenöl
1 TL Paprikapulver (edelsüß)
Salz
frisch gemahlener Pfeffer
4 Eier
8 EL Milch
2 TL Butter
4 Stängel Schnittlauch
30 g geriebener Cheddar

Die Schalotte schälen und in feine Ringe schneiden. Die Paprika waschen, putzen, von Samen und Scheidewänden befreien und würfeln. Knoblauch schälen und sehr fein hacken. Die Chorizo in Scheiben schneiden.

Eine Pfanne erhitzen und das Olivenöl hineingeben. Die Chorizo ca. 5 Minuten von allen Seiten anbraten. Schalotte und Paprika zugeben und ca. 4 Minuten unter gelegentlichem Rühren mitbraten. Dann den Knoblauch und das Paprikapulver untermengen und kurz anrösten. Mit Salz und Pfeffer würzen.

Währenddessen die Eier mit der Milch verquirlen. In einer zweiten Pfanne (wer nur eine hat, hält die fertig gebratene Chorizo-Paprika-Mischung bei 80 °C im Ofen warm und brät die Eier im Anschluss) die Butter zerlassen und die verquirlten Eier bei niedriger Temperatur stocken lassen. Dabei mit einem Pfannenwender immer wieder am Boden der Pfanne entlangrühren, bis die Eier schön cremig sind. Schnittlauch abbrausen, trocken tupfen und in Röllchen schneiden. Das Rührei auf Teller verteilen und mit der Chorizo-Tomaten-Mischung, Schnittlauchröllchen und geriebenem Cheddar bestreut servieren.

AVOCADO-TOMATEN-OMELETT

1 Limette auspressen, die andere vierteln und beiseitestellen. Die Avocados halbieren, den Kern entfernen, das Fruchtfleisch vorsichtig aus der Schale lösen und grob würfeln. In eine Schüssel geben und sofort mit dem Limettensaft beträufeln. Mit Olivenöl, Salz, Pfeffer und Chiliflocken kräftig würzen. Die Kirschtomaten waschen, trocken tupfen und vierteln. Schnittlauch abbrausen, trocken tupfen und in Röllchen schneiden. Beides unter die Avocadowürfel mischen.

Die Eier locker verquirlen, die Milch unterrühren und die Mischung mit Salz und Pfeffer würzen. 1 EL Butter in einer großen beschichteten Pfanne heiß werden lassen. Die Hälfte der Eiermischung hineingeben und knapp 1 Minute unter Rühren anbraten. Sobald die Masse zu stocken beginnt, das Omelett gleichmäßig in der Pfanne verteilen und nicht mehr rühren. Die Pfanne vom Herd nehmen.

Die Hälfte der Avocado-Tomaten-Mischung auf einer Omelettseite verteilen, die andere darüberklappen. Das gefaltete Omelett in der Mitte durchschneiden und jede Hälfte auf einen vorgewärmten Teller gleiten lassen. Mit den übrigen Zutaten ebenso verfahren. Jedes Omelett mit einer Limettenspalte zum Beträufeln servieren.

2 Limetten

2 kleine reife Avocados (s. a. Küchentrick S. 156)

1 EL Olivenöl

Salz

frisch gemahlener Pfeffer

1 kräftige Prise Chiliflocken

125 g Kirschtomaten

6 Stängel Schnittlauch

6 große Eier

4 EL Milch

2 EL Butter

BANANEN-SMOOTHIE

2 große sehr reife Bananen
½ Ananas
500 ml Bananensaft
1 TL Zitronensaft
8 Eiswürfel
1 Prise Zimt

Die Bananen schälen und in Stücke schneiden. Die Ananas ebenfalls schälen, vierteln und den harten Strunk in der Mitte entfernen. Das Fruchtfleisch in Stücke schneiden.

Bananen, Ananas und beide Säfte mit Eiswürfeln und Zimt in einen Standmixer geben und so lange pürieren, bis eine cremige, homogene Mischung entstanden ist. Die Smoothies auf Gläser verteilen und mit einem Strohhalm sofort servieren.

Tipp: Sollten dir die Früchte nicht süß genug sein, kannst du zusätzlich noch 1–2 TL Honig oder Ahornsirup in den Mixer geben. Und wenn du keinen Saft im Haus hast, kannst du stattdessen auch Kokos- oder normale Milch verwenden (dann solltest du aber auf jeden Fall noch etwas nachsüßen).

FRENCH TOAST MIT AHORNSIRUP

In einer Schüssel Milch, Eier, Zucker, Vanilleextrakt, Zimt und Salz verrühren. Die Weißbrotscheiben nacheinander in der Eiermischung tränken und in einem tiefen Teller zwischenlagern.

Den Backofen auf 75 °C vorheizen. Etwas Butter in einer großen beschichteten Pfanne bei mittlerer Temperatur erhitzen. Je 2 Weißbrotscheiben auf einmal in 3–4 Minuten pro Seite goldbraun backen. Die fertigen French Toasts im Ofen warm halten, mit den restlichen Weißbrotscheiben ebenso verfahren.

Je 2 French Toasts auf Tellern anrichten und mit Ahornsirup beträufeln. Nach Belieben mit frischen Beeren servieren.

150 ml Milch
4 Eier
2 gehäufte EL brauner Zucker
1 TL Vanilleextrakt
1 Prise Zimt
1 Prise Salz
8 dicke Scheiben Weißbrot

Außerdem:
Butter zum Ausbacken
Ahornsirup zum Beträufeln
Beeren zum Servieren

THUNFISCHSALAT

4 kleine Eier
2 kleine Römersalatherzen
4 Strauchtomaten
1 rote Zwiebel
2 Dosen Thunfischfilets in Öl (à 150 g)
8 EL Naturjoghurt
4 EL Mayonnaise
1 TL Zitronensaft
Salz
frisch gemahlener Pfeffer

Die Eier in einem kleinen Topf in ca. 8 Minuten hart kochen. Anschließend abschrecken, pellen und vierteln.

Den Salat in einzelne Blätter teilen, waschen, putzen, trocken schleudern und in mundgerechte Stücke zupfen. Die Tomaten waschen, putzen, vom Stielansatz befreien, halbieren und in Scheiben schneiden. Die Zwiebel schälen und fein würfeln. Thunfisch abtropfen lassen und auseinanderzupfen. Salat, Tomaten, Zwiebel und Thunfisch vorsichtig in einer Schüssel vermengen.

Joghurt, Mayonnaise und Zitronensaft mischen und mit Salz und Pfeffer würzen. Den Thunfischsalat auf Teller verteilen, mit Ei belegen und großzügig mit Dressing beträufeln.

EGG BENEDICT

Für die Sauce hollandaise in einer Metallschüssel Eigelbe, Zitronensaft, Worcestersoße, etwas Salz, Pfeffer, Zucker und 1 EL Wasser mit dem Schneebesen verrühren. Die Schüssel auf einen Topf mit siedendem Wasser setzen. Die Eigelbmischung auf dem nicht allzu heißen Wasserbad cremig schlagen. Die zerlassene Butter unter stetigem Rühren zunächst esslöffelweise zugeben, dann in einem dünnen Strahl zugießen, bis eine dickcremige Soße entstanden ist. Vom Herd nehmen und mit Salz und Pfeffer abschmecken.

Den Backofen auf 75 °C vorheizen. Für die Eier einen großen Topf ca. 8 cm hoch mit Wasser befüllen und zum Köcheln bringen. Den Essig einrühren und die Temperatur reduzieren. Die Eier vorsichtig in eine Tasse aufschlagen. Mit einem Kochlöffel das Wasser im Topf umrühren, sodass ein Strudel entsteht. Immer nur ein Ei in die Mitte des Wasserstrudels gleiten lassen, 4 Minuten köcheln und anschließend mit einem Schaumlöffel auf einen vorgewärmten Teller heben. Das pochierte Ei im Backofen warm halten, mit den restlichen Eiern ebenso verfahren. Den Speck in einer Pfanne braten. Den Schnittlauch in Röllchen schneiden. Die Toasties toasten. Jede Hälfte mit Butter bestreichen und mit Speck belegen. Darauf jeweils 1 pochiertes Ei setzen, mit reichlich Sauce hollandaise beträufeln und mit Schnittlauch garnieren.

Für die Sauce hollandaise:
4 Eigelb
2 EL Zitronensaft
1 Spritzer Worcestersoße
Salz
weißer Pfeffer
1 Prise Zucker
150 g Butter, zerlassen

Für die Eier:
8 Eier
1 EL Weißweinessig

Außerdem:
8 Scheiben Speck
ein paar Stängel Schnittlauch
4 Toasties, halbiert
weiche Butter zum Bestreichen

ROLLMÖPSE

Für 6 Rollmöpse bzw. 1 großes Einmachglas (à 1 l)

1 TL Pfefferkörner
2 TL gelbe Senfkörner
1 TL Wacholderbeeren
2 Lorbeerblätter
ca. 350 ml Apfelessig
1 große weiße Zwiebel
2 saure Gurken
6 gewässerte und filetierte Salzheringe
2 EL mittelscharfer Senf
2 EL Kapern

Außerdem:
12 kleine Holzspieße

200 ml Wasser in einen Topf füllen und mit Pfeffer- und Senfkörnern, Wacholderbeeren und Lorbeerblättern aufkochen. Den Gewürzsud etwas abkühlen lassen, dann den Essig untermischen.

Die Zwiebel schälen und in feine Ringe schneiden. Die Gurken längs in dünne Streifen schneiden. Die Heringsfilets mit der Hautseite nach unten auf ein Schneidebrett legen und mit Senf bestreichen. Dann mit Zwiebel, Gurken und Kapern belegen, eng aufrollen und mit je 2 Holzspießen fixieren. Die Rollmöpse in ein großes Einmachglas schichten und mit dem Essig-Gewürzsud begießen. Sie sollten vollständig davon bedeckt sein (falls nicht, einfach noch etwas Essig zugeben).

Das Glas verschließen, in den Kühlschrank stellen und die Rollmöpse vor dem Verzehr mindestens 2 Tage durchziehen lassen.

EINGELEGTER BRATHERING

Am Vortag die Heringe sorgfältig von innen und außen mit lauwarmem Wasser abspülen, dann gründlich trocken tupfen. Eine flache Schale mit Milch füllen und die Heringe hineinlegen. Über Nacht abgedeckt im Kühlschrank ziehen lassen (so wird den Fischen Salz entzogen).

Die Heringe am nächsten Tag trocken tupfen, salzen und pfeffern und in Mehl wenden, überschüssiges Mehl abklopfen. Butterschmalz in einer Pfanne erhitzen und die Heringe bei niedriger bis mittlerer Temperatur von beiden Seiten in ca. 5 Minuten goldgelb braten. Anschließend auf Küchenpapier abtropfen und leicht abkühlen lassen, dann nebeneinander in eine flache Form legen.

Möhre und Schalotten schälen, den Lauch waschen und putzen. Das Gemüse in dünne Scheiben bzw. Ringe schneiden. 700 ml Wasser mit Essig, Möhre, Schalotten und Lauch in einem Topf aufkochen. Etwas Salz, den Zucker, Lorbeer sowie Senf- und Pfefferkörner zugeben und alles bei niedriger Temperatur ca. 10 Minuten leicht köcheln lassen. Den Gemüsesud vom Herd nehmen und abkühlen lassen, dann über die Heringe gießen. Die Form abdecken und die Heringe vor dem Verzehr mindestens 2 Tage durchziehen lassen.

4 küchenfertige grüne Heringe
ca. 750 ml Milch
Salz
frisch gemahlener Pfeffer
Mehl zum Wenden
2 EL Butterschmalz
1 Möhre
2 Schalotten
1 kleine Stange Lauch
300 ml Apfelessig
5 EL Zucker
2 Lorbeerblätter
2 EL gelbe Senfkörner
1 EL Pfefferkörner

04 LOS, WIR GRILLEN

REZEPTE MIT FEUER

An einem schattigen Plätzchen im Garten stehen, die Grillzange schwingen und den Geruch von brutzelnden Steaks und Bratwürsten in der Nase haben – es gibt sicher kaum etwas, das im Sommer mehr Laune macht. Also, worauf wartest du? Lade deine Freunde ein, stell die Getränke kalt, bereite ein paar dieser tollen Rezepte zu und schmeiß eine legendäre Grillparty!

SPARERIBS

Für das Fleisch:

3½ kg Schweinerippchen

6 Schalotten

1 Knolle Knoblauch

Salz

Für die Soße:

4 Knoblauchzehen

75 g Rohrohrzucker

8 EL Sojasoße

6 EL Ketchup

2 TL mittelscharfer Senf

¼ TL Chiliflocken

Außerdem:

Aluschalen zum Grillen

Die Spareribs in Stücke mit je 4 Rippchen schneiden. Die Schalotten schälen und halbieren. Den Knoblauch vom Stielansatz befreien. Die Rippchen mit Schalotten, Knoblauch und 2 kräftigen Prisen Salz in einen großen Kochtopf geben und vollständig mit kaltem Wasser bedecken. Das Wasser aufkochen und das Fleisch bei niedriger Temperatur 1½ Stunden leise köcheln lassen, bis es schön zart ist.

Für die Soße Knoblauch schälen und durch eine Presse drücken. Mit den restlichen Zutaten mischen und alles in einem Topf aufkochen. Bei mittlerer Temperatur ca. 10 Minuten köcheln lassen.

Den Grill anheizen. Die Rippchen aus dem Topf nehmen, in die Aluschalen legen und mit der Hälfte der Soße bedecken. Ca. 10 Minuten auf den heißen Grill stellen, dabei die Spareribs einmal wenden. Die restliche Soße nochmals erwärmen und kurz vor dem Servieren über das Fleisch geben.

Tipp: Wer keine Aluschalen hat, kann die Spareribs auch direkt auf den Grill legen. Die Schalen bewirken jedoch, dass das Fleisch noch saftiger und aromatischer wird, da es die ganze Grillzeit über in der Soße schmoren kann.

BRATWURST MAL ANDERS

Die Holzspieße für mindestens 30 Minuten in kaltem Wasser einweichen. Anschließend gut abtropfen lassen.

Währenddessen die Zucchini putzen, waschen und in Scheiben schneiden. Paprika waschen, putzen, von Samen und Scheidewänden befreien und in mundgerechte Stücke schneiden. Zwiebeln schälen, halbieren und in einzelne Blättchen teilen. Den Bacon quer halbieren. Jedes Rostbratwürstchen mit einer halben Scheibe Bacon umwickeln. Dann abwechselnd 2 Würstchen, Zucchinischeiben, Paprikastücke und Zwiebelblättchen auf die Spieße stecken.

Den Grill anheizen. Das Olivenöl mit 1 kräftigen Prise Salz und Pfeffer mischen und das aufgespießte Gemüse damit einpinseln. Die Bratwurstspieße auf den heißen Rost legen und pro Seite ca. 6 Minuten grillen.

1 Zucchini
1 gelbe Paprikaschote
2 große weiße oder rote Zwiebeln
12 Scheiben Bacon
24 Nürnberger Rostbratwürstchen
2 EL Olivenöl
Salz
frisch gemahlener Pfeffer

Außerdem:
12 Holzspieße (ca. 20 cm)

GEGRILLTE LAMMKOTELETTS

Für das Fleisch:

12 Lammkoteletts
Salz
frisch gemahlener Pfeffer

Für die Marinade:

1 große Bio-Zitrone
1 kleiner Zweig Rosmarin
2 Zweige Thymian
3 Schalotten
2 Knoblauchzehen
1 TL Kreuzkümmel
½ TL gemahlener Koriander
½ TL Chiliflocken
je 1 kräftige Prise Salz und Pfeffer
6 EL Olivenöl
1 TL Honig

Außerdem:

Sonnenblumen- oder Rapsöl für den Grill

Für die Marinade die Zitrone heiß abwaschen, trocken tupfen und 1 TL Schale abreiben, anschließend die Frucht auspressen. Rosmarin und Thymian abbrausen, trocken tupfen und die Blättchen und Nadeln hacken. Schalotten und Knoblauch schälen und fein würfeln. Zitronenabrieb und -saft mit gehackten Kräutern, Schalotten, Knoblauch, Gewürzen, Olivenöl und Honig in einer Schüssel verrühren.

Die Lammkoteletts kurz unter kaltem Wasser abspülen, dann gründlich trocken tupfen und in eine flache Schüssel legen. Von beiden Seiten mit der Marinade bepinseln und abgedeckt mindestens 2 Stunden im Kühlschrank ziehen lassen.

Den Grill anheizen und den Rost mit Öl einpinseln. Die Koteletts 6–8 Minuten pro Seite grillen, bis sie ordentlich Farbe bekommen haben. Anschließend in Alufolie wickeln und 5–10 Minuten ruhen lassen. Mit Salz und Pfeffer würzen und servieren.

HÄHNCHEN-PAPRIKA-SPIESSE

Die Hähnchenbrustfilets unter kaltem Wasser abspülen, trocken tupfen und in mundgerechte Würfel schneiden. Schalotte und Knoblauch schälen und fein hacken bzw. durch eine Presse drücken. Thymian abbrausen, trocken tupfen, die Blättchen abzupfen und ebenfalls sehr fein hacken. Schalotte, Knoblauch und Thymian mit einer kräftigen Prise Salz, Cayennepfeffer, Limettensaft und Olivenöl verrühren. Das Fleisch in eine Schüssel geben und mit der Marinade mischen, abgedeckt mindestens 2 Stunden im Kühlschrank ziehen lassen.

Die Holzspieße 30 Minuten in kaltem Wasser einweichen. Die Paprika waschen, putzen, von Samen und Scheidewänden befreien und in mundgerechte Stücke schneiden. Die Zwiebeln schälen, halbieren und in einzelne Blättchen teilen. Die Holzspieße gut abtropfen lassen. Abwechselnd Fleisch, Paprika und Zwiebeln aufspießen.

Den Grill anheizen und den Rost mit etwas Öl einpinseln. Die Spieße auflegen und ca. 10 Minuten grillen, bis das Fleisch zart und goldgelb ist. Dabei häufig wenden. Jeweils 2 Spieße auf Tellern anrichten und mit Aioli servieren.

6 kleine Hähnchenbrustfilets

1 Schalotte

2 Knoblauchzehen

2 Zweige Thymian

Salz

½ TL Cayennepfeffer

3 EL Limettensaft

6 EL Olivenöl

je 1 rote und gelbe Paprikaschote

2 große rote Zwiebeln

Außerdem:

12 Holzspieße (ca. 20 cm)

Sonnenblumen- oder Rapsöl für den Grill

Aioli zum Servieren
(s. Rezept auf S. 109)

WÜRZIGER SCHWEINENACKEN

Für das Fleisch:

2–2½ kg Schweinenacken

Salz

Ahornsirup oder Honig zum Bepinseln

frisch gemahlener Pfeffer

Für das Kräuteröl:

4 Knoblauchzehen

1 kleines Stück frischer Ingwer (ca. 2 cm)

1 Zweig Rosmarin

2 Zweige Thymian

250 ml Olivenöl

2 TL Abrieb von 1 Bio-Orange

Für das Kräuteröl Knoblauch schälen und halbieren. Ingwer ebenfalls schälen und in Scheiben schneiden. Die Kräuter abbrausen und trocken tupfen. Alle Zutaten mit dem Olivenöl in ein Schraubglas geben und vor der Verwendung mindestens 4 Stunden, am besten über Nacht, ziehen lassen.

Den Grill anheizen. Den Schweinenacken unter lauwarmen Wasser abspülen und sorgfältig trocken tupfen. Dann das Fleisch bei starker Hitze von beiden Seiten auf dem heißen Rost scharf anbraten, dabei mit Salz bestreuen und großzügig mit Kräuteröl einpinseln. Den Schweinenacken an den Rand des Grills legen (oder beim Gasgrill die Hitze reduzieren) und bei geschlossenem Deckel ca. 1½ Stunden grillen. Dabei regelmäßig wenden und immer wieder mit dem Kräuteröl bepinseln. Kurz vor Ende der Garzeit das Fleisch mit Ahornsirup oder Honig einstreichen und für ein paar Minuten karamellisieren lassen. Mit Pfeffer bestreuen und sofort servieren.

Tipp: Dazu einen knackigen Salat mit frischen Kräutern und geröstetes Brot reichen.

KÖFTE VOM GRILL

Das Brötchen in einer kleinen Schüssel mit Milch einweichen. Die Holzspieße für mindestens 30 Minuten in eine Schüssel mit kaltem Wasser legen. Zwiebeln und Knoblauch schälen und fein hacken. Das Brötchen gut ausdrücken und mit Hack, Zwiebeln, Knoblauch, Kreuzkümmel, Pul Biber, Koriander und Eiern mehrere Minuten sorgfältig verkneten. Mit Salz und Pfeffer würzen.

Aus der Hackmasse mit feuchten Händen längliche Frikadellen formen und diese auf die abgetropften Holzspieße stecken.

Den Grill anheizen und den Rost mit etwas Öl einpinseln. Die Spieße auflegen und unter mehrmaligem Wenden ca. 10 Minuten von allen Seiten grillen.

Tipp: Dazu schmeckt ein Dip aus türkischem Joghurt, Honig, fein gewürfelter Paprika und gehackten Minzeblättchen.

1 Brötchen vom Vortag
Milch zum Einweichen
2 große Zwiebeln
3 Knoblauchzehen
1 kg Lammhackfleisch
1 TL Kreuzkümmel
1 TL Pul Biber (alternativ Chilipulver)
½ TL gemahlener Koriander
2 Eier
Salz
frisch gemahlener Pfeffer

Außerdem:
Holzspieße (20–25 cm)
Sonnenblumen- oder Rapsöl für den Grill

MARINIERTE RIB-EYE-STEAKS

2 Schalotten
2 Knoblauchzehen
1 Stück frischer Ingwer (ca. 3 cm)
2 Bio-Limetten
2 EL Sonnenblumen- oder Rapsöl
4 EL Sojasoße
2 EL Honig
frisch gemahlener Pfeffer
6 Rib-Eye-Steaks (à 200 g)
grobes Meersalz

Schalotten, Knoblauch und Ingwer schälen und in feine Würfel schneiden. Die Limetten heiß abwaschen, trocken tupfen und von einer Frucht die Schale fein abreiben. Beide Limetten auspressen.

Das Öl in einem kleinen Topf erhitzen und Schalotten, Knoblauch und Ingwer darin bei niedriger bis mittlerer Temperatur anschwitzen. Mit Limettensaft und Sojasoße ablöschen. Dann den Honig einrühren und alles kurz aufkochen. Den Topf vom Herd nehmen und die Marinade mit Limettenabrieb und Pfeffer würzen.

Die Steaks kurz abspülen und trocken tupfen, dann in eine flache Schüssel legen und mit der Marinade bepinseln. Für mindestens 4 Stunden abgedeckt im Kühlschrank ziehen lassen.

Die Steaks vor dem Grillen Zimmertemperatur annehmen lassen. Den Grill anheizen und die Steaks auf dem heißen Rost je nach gewünschtem Garpunkt 3–5 Minuten pro Seite grillen. Mit Salz und Pfeffer abschmecken.

AMERIKANISCHER KRAUTSALAT

Die äußeren Blätter des Weißkohls entfernen. Den Kohl waschen, putzen, vierteln und den Strunk keilförmig herausschneiden. Die Kohlviertel in sehr feine Streifen hobeln oder schneiden und in eine Schüssel geben. Die Möhren waschen, putzen, schälen und in feine Streifen schneiden oder mit der Küchenreibe raspeln. Die Zwiebel schälen und fein würfeln. Beides zum Kohl in die Schüssel geben und mit den Händen gründlich durchkneten.

Crème fraîche mit Mayonnaise, Essig, Zitronensaft, Zucker und je ½ Teelöffel Salz und Pfeffer verrühren. Die Salatsoße ebenfalls mit den Händen unter die Kohlmischung mengen. Den Krautsalat abdecken und mindestens 5 Stunden in den Kühlschrank stellen. Vor dem Servieren mit Salz, Pfeffer und Zucker abschmecken.

1 großer Weißkohl

2 Möhren

1 weiße Zwiebel

150 g Crème fraîche

5 EL Mayonnaise

2 EL Weißweinessig

1 EL Zitronensaft

2 TL Zucker

Salz

frisch gemahlener Pfeffer

ZWIEBEL-RELISH

400 g weiße oder rote Zwiebeln
3 Zweige Thymian
1 EL Olivenöl
1 EL Butter
2 EL Honig
3 EL Balsamicoessig
250 ml Portwein
Salz
frisch gemahlener Pfeffer
1 Prise Chiliflocken

Die Zwiebeln schälen, halbieren und in dünne Ringe schneiden. Den Thymian abbrausen, trocken tupfen und die Blättchen abzupfen.

Olivenöl und Butter in einem Topf erhitzen und die Zwiebelringe darin bei niedriger bis mittlerer Temperatur in ca. 6 Minuten glasig schwitzen. Den Honig einrühren und die Zwiebeln karamellisieren lassen. Mit Balsamico ablöschen, dann den Portwein zugießen und die Thymianblättchen untermengen.

Alles aufkochen, die Temperatur reduzieren und die Zwiebeln ca. 20 Minuten offen köcheln lassen, bis alle Flüssigkeit verdampft ist. Das Relish mit Salz, Pfeffer und Chiliflocken würzen.

KRÄUTER-KNOBLAUCH-BUTTER

Petersilie und Schnittlauch abbrausen und trocken tupfen. Die Petersilienblättchen abzupfen und fein hacken, den Schnittlauch in feine Röllchen schneiden. Knoblauch schälen und durch eine Presse drücken.

Die Butter in eine Schüssel geben und mit dem Handrührgerät in ein paar Minuten bei niedriger Geschwindigkeit cremig rühren. Kräuter und Knoblauch zufügen und die Butter mit Salz, Pfeffer und Chiliflocken würzen. Alles gut verrühren.

¼ Bund glatte Petersilie

¼ Bund Schnittlauch

2 Knoblauchzehen

150 g sehr weiche ungesalzene Butter

Salz

frisch gemahlener Pfeffer

1 Prise Chiliflocken nach Belieben

SCHARFE GUACAMOLE

---

4 reife Avocados
2 Limetten
4 EL Olivenöl
1 große rote Chilischote
1 große rote Zwiebel
2 Knoblauchzehen
½ Bund Koriander
Salz
frisch gemahlener Pfeffer

Die Avocados halbieren, vom Stein befreien, das Fruchtfleisch aus der Schale lösen und in eine Schüssel geben. Sofort die Limetten auspressen und den Saft sowie das Olivenöl mithilfe einer Gabel unterrühren. Dabei das Fruchtfleisch fein zerdrücken.

Die Chili putzen, längs halbieren und die Samen entfernen. Die Schote hacken. Zwiebel und Knoblauch schälen und ebenfalls hacken. Koriander abbrausen, trocken tupfen und die Blättchen klein zupfen. Chili, Zwiebel, Knoblauch und Koriander unter die Avocadomasse rühren und die Guacamole mit Salz und Pfeffer würzen. Sofort servieren.

SCHNELLE AIOLI

---

2 Knoblauchzehen
1 ganz frisches Eigelb
½ TL mittelscharfer Senf
2 TL Weißweinessig
Salz
125 ml Sonnenblumen- oder Rapsöl
1 Spritzer Zitronensaft

Knoblauch schälen und durch eine Presse drücken. Mit Eigelb, Senf, Essig und 1 Prise Salz in eine saubere Schüssel geben und mit dem Schneebesen des Handrührgeräts verquirlen. Dabei das Öl zunächst tropfenweise zufügen. Sobald die Aioli etwas dickflüssiger wird, kann das Öl in einem dünnen Strahl zugegeben werden. So lange weitermixen, bis das ganze Öl untergeschlagen ist und die Aioli eine dickcremige Konsistenz hat. Mit Zitronensaft und Salz abschmecken.

05 MÄNNERABEND

REZEPTE FÜR FEUCHTFRÖHLICHE RUNDEN

Du bist an der Reihe, für das leibliche Wohl auf eurem Männerabend zu sorgen, hast aber keinen Plan, was du zu essen anbieten sollst, nachdem beim letzten Mal der miese Lieferservice nicht gut ankam? Kein Problem. Ein Blick auf die folgenden Seiten und du hast nur noch die Qual der Wahl. Ein kleiner Tipp: Nimm dir nicht zu viel vor und wähle ein Rezept, das du gut vorbereiten und später erwärmen kannst, wenn der Besuch auf der Matte steht.

CHILI CON CARNE ... FÜR ALLE!

4 Zwiebeln
4 Knoblauchzehen
2 rote Chilischoten
350 g getrocknete Tomaten in Öl
Olivenöl
1 EL Butter
2 TL Chilipulver
1 gehäufter TL Paprikapulver
3 TL Kreuzkümmel
Salz
frisch gemahlener Pfeffer
900 g Rinderhack
2 Dosen stückige Tomaten
ca. 500 ml Rinderbrühe
2 Dosen rote Bohnen (je 800 g)
1 TL Zimt
1 Prise Zucker

Außerdem:
knuspriges Weißbrot zum Servieren

Zwiebeln und Knoblauch schälen und fein würfeln. Die Chilis putzen, von Samen befreien und fein hacken. Die getrockneten Tomaten samt etwas Öl mit einem Pürierstab zu einer homogenen Masse pürieren, dann beiseitestellen. In einem großen Topf etwas Olivenöl und die Butter erhitzen. Zwiebeln und Knoblauch darin einige Minuten anschwitzen. Gehackte Chilis, Chilipulver, Paprika und Kreuzkümmel zugeben und unter Rühren anrösten, mit Salz und Pfeffer würzen.

Das Hackfleisch zugeben und von allen Seiten braun anbraten. Die pürierten und die stückigen Tomaten sowie etwas Brühe zufügen. Alles einmal aufkochen, die Temperatur wieder reduzieren und das Chili con Carne mit geschlossenem Deckel bei geringer Hitze ca. 1½ Stunden köcheln lassen. Nach Bedarf mehr Brühe zugeben. Die roten Bohnen abbrausen und nach ca. 1 Stunde Kochzeit untermengen. Das Chili con Carne mit Zimt, Zucker, Salz und Pfeffer abschmecken und mit knusprigem Weißbrot servieren.

Tipp: Noch besser schmeckt das Gericht, wenn es bereits am Vortag zubereitet wurde. Sobald die Gäste da sind, Topf wieder auf den Herd stellen, Chili erhitzen und fertig! Besonders erfrischend und lecker ist dazu ein Klecks Guacamole (s. Rezept auf S. 109).

PULLED PORK BURGER

Für das Fleisch den Backofen auf 100 °C (Umluft 80 °C) vorheizen. Einen großen Bräter mit etwas Öl einpinseln. Die Schweineschulter abspülen, trocken tupfen und in 4 etwa gleich große Stücke schneiden. Schalotten schälen und vierteln, Knoblauch schälen und halbieren und beides im Bräter verteilen. Die Fleischstücke daraufsetzen. Die übrigen Zutaten miteinander mischen und in den Bräter geben. Das Fleisch gründlich in der Soße wenden. Den Bräter in den Ofen stellen und das Fleisch mindestens 8 Stunden in der Soße schmoren, bis es beinahe zerfällt und sich leicht auseinanderpflücken lässt. Das Fleisch mit zwei Gabeln in Stücke zupfen.

Für die Burger die Zwiebel schälen und in dünne Ringe schneiden. Die saure Gurke in Scheiben schneiden. Die Burgerbrötchen halbieren und die Schnittflächen mit etwas Butter bestreichen. Eine Pfanne erhitzen und die Brötcheninnenseiten darin anrösten. Auf den unteren Hälften reichlich gezupftes Schweinefleisch, Zwiebelringe und Gurkenscheiben verteilen. Die oberen Hälften mit Mayonnaise bestreichen und daraufsetzen.

Für 6–8 Burger

Für die Burger:

1 große rote Zwiebel

1 große saure Gurke

6–8 Burgerbrötchen

Butter zum Bestreichen

6–8 gehäufte EL Mayonnaise

Für das Fleisch:

1½ kg Schweineschulter ohne Knochen

4 Schalotten

2 Knoblauchzehen

2 TL Paprikapulver (edelsüß)

1 TL Salz

3 TL Cayennepfeffer

4 TL brauner Zucker

1 TL Kreuzkümmel

600 ml Barbecuesoße

250 ml Apfelessig

125 ml Worcestersoße

125 g Tomatenmark

2 EL mittelscharfer Senf

SPAGHETTI BOLOGNESE

Für die Pasta:
ca. 800 g Spaghetti
Salz
½ Bund Basilikum
frisch gehobelter Parmesan

Für die Bolognese:
2 große Zwiebeln
4 Knoblauchzehen
1 große Möhre
2 kleine Stangen Staudensellerie
3 EL Olivenöl
1 EL Butter
800 g gemischtes Hackfleisch
1 dicke Scheibe Speck
2 EL Tomatenmark
Salz, Pfeffer
300 ml trockener Rotwein
1 Dose stückige Tomaten (à 800 g)
1 Zweig Rosmarin
4 Zweige Thymian
2 Lorbeerblätter
2 EL schwarze Oliven ohne Stein
1 EL Balsamicoessig
Zucker

Für die Bolognese Zwiebeln und Knoblauch schälen und in feine Würfel schneiden. Möhre putzen und schälen, Staudensellerie putzen und beides klein würfeln.

Olivenöl und Butter in einem großen Topf erhitzen. Das Hackfleisch und den Speck zugeben und unter Rühren anbraten. Tomatenmark einrühren und das Fleisch mit Salz und Pfeffer würzen. Dann die Gemüsewürfel zugeben und einige Minuten mitbraten. Erneut salzen und pfeffern. Mit Rotwein ablöschen und leicht einkochen lassen. Anschließend die Tomaten unterrühren. Rosmarin und Thymian abbrausen, trocken tupfen und mit den Lorbeerblättern in den Topf geben. Die Bolognese bei niedriger Temperatur ca. 1½ Stunden köcheln lassen. Sollte zu viel Flüssigkeit verdampfen, kann nach und nach etwas heiße Rinderbrühe zugegeben werden.

Für die Pasta die Spaghetti in kochendem Salzwasser nach Packungsanweisung al dente garen. Das Basilikum abbrausen, trocken tupfen und die Blättchen abzupfen.

Speck, Rosmarin, Thymian und Lorbeer aus der Bolognese entfernen, die Oliven fein würfeln und zugeben. Mit Balsamico, Zucker, Salz und Pfeffer abschmecken. Die Pasta abgießen und mit der Bolognese anrichten. Mit Parmesan und Basilikumblättchen garnieren.

CHICKEN WINGS IN SÜSSSCHARFER SOSSE

Für die süßscharfe Soße alle Zutaten in einer Schüssel mit dem Schneebesen gründlich verquirlen. Mit Salz und Pfeffer abschmecken.

Die Hähnchenflügel in eine große Schüssel geben und mit der Soße übergießen. Gut vermengen, sodass alle Flügel mit Soße benetzt sind. Die Schüssel mit Frischhaltefolie abdecken und das Fleisch mindestens 2½ Stunden im Kühlschrank marinieren lassen.

Den Backofen auf 200 °C (Umluft 180 °C) vorheizen. Die Hähnchenflügel aus der Schüssel nehmen und in eine große flache Auflaufform legen, die restliche Soße aus der Schüssel darübergeben. Die Chicken Wings sollten nicht übereinanderliegen, damit sie schön gleichmäßig garen. Die Form in den Ofen stellen und das Fleisch ca. 45 Minuten braten, bis es gar ist. Zwischendurch einmal wenden.

Für das Fleisch:

1½ kg Hähnchenflügel

Für die Soße:

90 ml Sojasoße

110 g Ketchup

3 EL Dijonsenf

3 EL brauner Rohrohrzucker

1½ EL geräuchertes Paprikapulver

1½ EL Kreuzkümmel

1 EL gemahlener Koriander

1 TL Zimt

½ TL Chilipulver

½ TL Chiliflocken

etwas Salz

etwas frisch gemahlener Pfeffer

KÄSE-LAUCH-SUPPE

4 Schalotten
3 große Stangen Lauch
1 EL Butter
1 EL Olivenöl
500 g gemischtes Hackfleisch
ca. 1½ l Rinderbrühe
350 g Kräuter-Schmelzkäse
200 g Crème fraîche
Salz
frisch gemahlener Pfeffer

Die Schalotten schälen und fein würfeln. Den Lauch putzen, waschen und in feine Ringe schneiden. Ein paar der Ringe als Garnitur beiseitelegen.

Butter und Olivenöl in einem großen Topf erhitzen. Das Hackfleisch darin unter Rühren anbraten, dann die Schalotten zugeben und ein paar Minuten mitbraten. Den Lauch zufügen und ebenfalls kurz anrösten. Mit Brühe ablöschen, aufkochen, den Käse einrühren und alles ca. 15 Minuten bei geringer Hitze köcheln lassen.

Die Crème fraîche unterrühren und die Suppe mit etwas Salz und reichlich Pfeffer würzen. Auf Teller verteilen und mit je ein paar Lauchringen garniert servieren.

PIZZA-VARIATIONEN

Für den Teig Mehl in eine Schüssel füllen und in die Mitte eine Mulde drücken. Die Hefe zerbröseln und hineingeben. Etwa ein Drittel des lauwarmen Wassers mit der Hefe und etwas Mehl verrühren. Die Schüssel abdecken und den Vorteig 20 Minuten gehen lassen. Für die Soße Schalotten und Knoblauch schälen und fein hacken. Olivenöl in einem Topf erhitzen und Schalotten und Knoblauch darin glasig schwitzen. Thymian abbrausen, trocken tupfen und kurz mit anbraten. Dann stückige und passierte Tomaten sowie den Rotwein einrühren, Lorbeer zufügen und alles zum Kochen bringen. Die Soße bei mittlerer Temperatur ca. 45 Minuten offen köcheln lassen, bis sie leicht eingedickt ist. Dann mit Oregano, Salz und Pfeffer würzen. Thymian und Lorbeer entfernen.

Das restliche Wasser, Olivenöl und Salz zum Hefeteig geben und alles für mindestens 5 Minuten kräftig durchkneten. Den Teig zu einer Kugel formen und abgedeckt in der Schüssel nochmals 1 Stunde gehen lassen. Den Backofen auf 220 °C (Umluft 200 °C) vorheizen und ein Blech mit Backpapier auslegen. Den Teig auf der bemehlten Arbeitsfläche dünn ausrollen, auf das Blech legen und mehrfach mit einer Gabel einstechen, mit Soße bestreichen und nach Belieben belegen. Die Pizza auf unterer Schiene in ca. 25 Minuten knusprig backen.

Für 1 Blech

Für den Boden:

280 g Mehl plus etwas extra für die Arbeitsfläche

½ Würfel Frischhefe (à 21 g)

150 ml lauwarmes Wasser

2 EL Olivenöl

½ TL Salz

Für die Soße:

2 Schalotten

1 Knoblauchzehe

1 EL Olivenöl

3 Zweige Thymian

1 Dose stückige Tomaten

250 g passierte Tomaten

75 ml trockener Rotwein

1 Lorbeerblatt

1 TL getrockneter Oregano

Salz, Pfeffer

Für den Belag

Champignons in Scheiben

rote Zwiebelringe

Ziegenkäse in Scheiben

schwarze Oliven in Ringen

Chorizo, in Scheiben

geriebener Mozzarella

KARTOFFELSALAT MIT SPECK

1 kg festkochende Kartoffeln
Salz
2 Schalotten
2–3 Frühlingszwiebeln
150 g durchwachsener Speck
2 EL Sonnenblumen- oder Rapsöl
ca. 250 ml Hühnerbrühe
4 EL Kräuter- oder Weißweinessig
2 EL Senf
frisch gemahlener Pfeffer
1 Bund krause Petersilie

Kartoffeln gründlich waschen, in einen großen Topf geben, komplett mit Salzwasser bedecken und mit geschlossenem Deckel aufkochen. Dann die Temperatur reduzieren und die Kartoffeln in ca. 25 Minuten garen. Anschließend abgießen, die noch sehr warmen Kartoffeln pellen und vorsichtig in dünne Scheiben schneiden.

Die Schalotten schälen und fein hacken. Frühlingszwiebeln waschen, putzen und das Weiße und Hellgrüne in Ringe schneiden. Den Speck würfeln. Das Öl in einer Pfanne erhitzen, den Speck darin anbraten. Schalotten und Frühlingszwiebeln zugeben und ca. 2 Minuten mitschwitzen. Dann die Brühe und den Essig in die Pfanne geben und alles aufkochen. Senf und Pfeffer einrühren und das Dressing über die Kartoffeln gießen. Vorsichtig untermengen und den Salat mindestens 30 Minuten durchziehen lassen.

Die Petersilie abbrausen, trocken tupfen, die Blättchen abzupfen und unter den Salat mischen. Erscheint er zu trocken, noch etwas Brühe zugeben. Nach Belieben mit Salz und Pfeffer abschmecken.

MINI-CHEESEBURGER

Das Hackfleisch salzen, pfeffern und mit den Händen zu 12 kleinen Pattys formen. Die Salatblätter waschen, putzen, trocken schleudern und in Stücke zupfen. Die Zwiebel schälen und in Ringe schneiden. Tomaten waschen, putzen und in Scheiben schneiden.

Die Brötchen aufschneiden und die Schnittflächen mit etwas Butter bestreichen. Eine Grillpfanne erhitzen und die Brötcheninnenseiten darin kurz anrösten. Die unteren Hälften mit Senf, die oberen mit Ketchup bestreichen. Die Unterseiten mit Salat und Tomate belegen.

Das Öl in der Grillpfanne erhitzen und die Pattys darin von beiden Seiten ca. 5 Minuten braten, bis sie gerade durchgegart sind. In den letzten 40 Sekunden mit je 1 kleinen Scheibe Cheddar belegen. Die Pattys auf die unteren Brötchenhälften legen, je 1 Zwiebelring daraufgeben und mit den oberen Hälften bedecken. Die Mini-Cheeseburger mit Holzspießen fixieren und sofort servieren.

600 g Rinderhackfleisch
Salz
frisch gemahlener Pfeffer
12 kleine Romanasalatblätter
1 rote Zwiebel
2 Strauchtomaten
12 Partybrötchen mit Sesam- oder Mohnsamen
6 EL mittelscharfer Senf
6 EL Ketchup
2 EL Sonnenblumen- oder Rapsöl
12 kleine Scheiben Cheddar

Außerdem:
etwas Butter zum Bestreichen
12 kleine Holzspieße zum Fixieren

BIERGESCHMORTES RINDFLEISCH-RAGOUT

1,2 kg Rindfleisch (z. B. aus dem Nacken), in 3–4 cm großen Würfeln
Salz
frisch gemahlener Pfeffer
6 EL Sonnenblumen- oder Rapsöl
200 g Speckwürfel
30 g Butter
250 g Champignons, geputzt und geviertelt
2 Möhren, geschält, in Scheiben
6 Schalotten, geschält, in Ringen
1 TL Zucker
4 Knoblauchzehen, geschält und sehr fein gehackt
25 g Mehl
500 ml dunkles Bier
600 ml Rinderbrühe
5 Zweige Thymian
3 Lorbeerblätter
4 EL Worcestersoße

Das Fleisch kalt abspülen, sorgfältig trocken tupfen und rundum mit Salz und Pfeffer würzen. Die Hälfte des Öls in einem Schmortopf erhitzen, die Speckwürfel darin auslassen, wieder herausnehmen und beiseitestellen. Das Fleisch portionsweise im ausgelassenen Fett bei mittlerer Temperatur von allen Seiten anbraten, bis es etwas Farbe bekommen hat, und wieder herausheben. In eine große Schüssel füllen. Die Hälfte der Butter im Schmortopf zerlassen und die Pilze und Möhren darin einige Minuten anschwitzen. Dann zum Fleisch in die Schüssel geben.

Die restliche Butter mit dem übrigen Öl in den Topf geben und die Schalotten darin glasig schwitzen. Den Zucker zufügen und unter Rühren ca. 10 Minuten karamellisieren lassen. Den Knoblauch zugeben und kurz mitbraten. Das Mehl darüberstäuben und anschwitzen, anschließend mit Bier und Brühe ablöschen. Die Thymianblättchen von den Zweigen zupfen und mit Lorbeerblättern und Worcestersoße in den Topf geben. Alles unter Rühren aufkochen.

Sobald die Flüssigkeit kocht, Rindfleisch, Speck, Pilze und Möhren in den Schmortopf zurückgeben, alles mit Salz und Pfeffer würzen und 2 ½–3 Stunden bei geringer Hitze schmoren, bis das Ragout schön zart und die Soße sämig ist. Die Lorbeerblätter entfernen.

KLASSISCHE LASAGNE

Für die Béchamelsoße die Butter in einem Topf zerlassen, das Mehl mit einem Holzlöffel einrühren und anschwitzen. Dann die Milch nach und nach zugeben, dabei kräftig mit dem Holzlöffel rühren, damit sich keine Klümpchen bilden. Alles ca. 3 Minuten bei niedriger Temperatur köcheln lassen, bis die Béchamelsoße cremig und eingedickt ist. Dabei – nun besser mit einem Schneebesen – stetig rühren. Den Topf vom Herd nehmen und die Soße mit Salz, Pfeffer und Muskat würzen. Dann den Parmesan untermischen.

Den Backofen auf 180 °C (Umluft 160 °C) vorheizen. Für die Lasagne eine große rechteckige Auflaufform mit Olivenöl fetten. Mit einer Schicht Lasagneblättern auslegen, ohne dass diese sich überlappen. Dann eine ca. 1,5 cm dicke Schicht Bolognese darauf verteilen und sie großzügig mit Béchamelsoße bestreichen. Wieder eine Schicht Lasagneblätter darüberlegen und so weiterverfahren, bis alle Zutaten aufgebraucht sind. Auf der obersten Schicht Lasagneblätter reichlich Béchamel verstreichen. Mit geriebenem Parmesan bestreuen und die Butter in Flöckchen daraufsetzen.

Die Form in den Ofen schieben und die Lasagne in 50–60 Minuten auf der unteren Schiene garen.

Für die Lasagne:

ca. 15 Lasagneblätter

1 Rezept Bolognese (s. S. 116)

100 g geriebener Parmesan

25 g Butter

Für die Béchamelsoße:

40 g Butter

40 g Mehl

600 ml lauwarme Milch

Salz

frisch gemahlener Pfeffer

frisch geriebene Muskatnuss

40 g fein geriebener Parmesan

Außerdem:

Olivenöl für die Form

WIENER SCHNITZELPLATTE

Für 16 kleine Schnitzel

500 g Kalbsfilet
5 EL Naturjoghurt
1 TL Zitronensaft
1½ TL Dijonsenf
1½ TL Sahnemeerrettich (Glas)
½ TL Paprikapulver (edelsüß)
¼ TL Cayennepfeffer
Salz
2 große Eier
frisch gemahlener Pfeffer
6 EL Mehl
150 g Paniermehl

Außerdem:
reichlich Butterschmalz zum Braten
ein paar Stängel krause Petersilie
1 Bio-Zitrone

Das Filet kalt abspülen und gründlich trocken tupfen, dann in 16 gleichmäßig dünne Scheiben (à ca. 30 g) schneiden und diese mit den Händen vorsichtig platt drücken. Joghurt, Zitronensaft, Senf, Sahnemeerrettich, Paprikapulver, Cayennepfeffer und etwas Salz verrühren. Die Schnitzel nacheinander von beiden Seiten durch die Marinade ziehen und in eine flache Schüssel legen. Abgedeckt mindestens 4 Stunden im Kühlschrank ziehen lassen. Die Eier in einem tiefen Teller verquirlen und mit Salz und Pfeffer würzen. Mehl und Paniermehl ebenfalls auf tiefe Teller verteilen. Jedes Schnitzel zunächst im Mehl wenden, dann durchs Ei ziehen und anschließend gründlich in Paniermehl wenden.

Reichlich Butterschmalz in einer Pfanne heiß werden lassen, sodass die Schnitzel schwimmen. Diese dann portionsweise von beiden Seiten in wenigen Minuten goldbraun braten. Dabei die Pfanne mehrmals schwenken, sodass auch die Oberseite immer gut mit Butterschmalz benetzt ist. Die Schnitzel auf Küchenpapier abtropfen lassen und auf einer Servierplatte verteilen.

Die Petersilie abbrausen, trocken tupfen und die Blättchen abzupfen. Die Zitrone in Spalten schneiden. Beides auf den Schnitzeln anrichten und warm oder kalt servieren.

LINSENEINTOPF MIT SPECK

Zwiebeln und Knoblauch schälen und wie den Speck fein würfeln. Die Linsen in ein Sieb geben und unter fließendem Wasser kalt abspülen. Gut abtropfen lassen.

Die Butter in einem großen Topf zerlassen und den Speck darin in ein paar Minuten knusprig braten. Zwiebeln und Knoblauch zugeben und kurz anschwitzen. Dann die Linsen und die Gemüsebrühe zufügen und zugedeckt bei mittlerer Temperatur ca. 25 Minuten köcheln lassen.

Währenddessen Möhren und Sellerie waschen, putzen, schälen und in kleine Würfel schneiden. Den Lauch ebenfalls putzen, waschen und in Ringe schneiden. Das Gemüse und die Mettwürste in den Eintopf geben und alles weitere 15–20 Minuten köcheln lassen, bis das Gemüse weich ist. Die Würste zwischendurch gelegentlich mit einer Gabel einstechen. Die Petersilie abbrausen, trocken tupfen und die Blättchen abzupfen.

Den Linseneintopf mit Salz, Pfeffer und Weißweinessig würzen. Sollte er zu dickflüssig sein, noch etwas Gemüsebrühe unterrühren. Mit Petersilie bestreut servieren.

4 kleine Zwiebeln
2 Knoblauchzehen
250 g durchwachsener Speck
600 g Teller- oder Berglinsen
1 EL Butter
1,8 l Gemüsebrühe plus ggf. etwas mehr
2 Möhren
1 kleiner Knollensellerie
1 große Stange Lauch
6 kleine Mettwürste
½ Bund krause Petersilie
Salz
frisch gemahlener Pfeffer
3–4 EL Weißweinessig

MEDITERRANER NUDELSALAT

500 g Penne
Salz
½ Bund Basilikum
50 g Pinienkerne
125 g Mozzarella
2 Handvoll schwarze Oliven ohne Stein
80 g getrocknete Tomaten
2 EL weißer Balsamicoessig
1 TL mittelscharfer Senf
½ TL getrockneter Thymian
½ TL getrockneter Oregano
1 Prise Zucker
frisch gemahlener Pfeffer
6 EL Olivenöl

Die Penne in kochendem Salzwasser nach Packungsanweisung al dente garen. Anschließend in ein Sieb abgießen, mit kaltem Wasser abschrecken und gut abtropfen lassen. Die Nudeln in eine große Schüssel geben.

Das Basilikum abbrausen, trocken tupfen und die Blättchen etwas kleiner zupfen. Die Pinienkerne trocken in einer Pfanne goldbraun rösten, dabei aufpassen, dass sie nicht anbrennen. Den Mozzarella auseinanderzupfen, die Oliven in Ringe schneiden und die getrockneten Tomaten hacken. Alle vorbereiteten Zutaten zu den Nudeln in die Schüssel geben und untermengen.

Balsamico mit Senf, Thymian, Oregano, Zucker, Salz und Pfeffer mischen. Das Olivenöl gründlich unterschlagen, bis ein homogenes Dressing entstanden ist. Über den Nudelsalat geben und sorgfältig untermischen. Vor dem Servieren mindestens 2 Stunden durchziehen lassen. Nach Belieben mit Salz und Pfeffer abschmecken.

Tipp: Für eine noch würzigere Note kannst du den Mozzarella auch durch Fetakäse ersetzen.

06 JETZT WIRD'S SÜSS

REZEPTE FÜR HINTERHER

Zart schmelzende, cremig-süße Desserts sind das späte Highlight eines jeden Essens – und gehen immer, auch nach einem saftigen Steak oder drei Portionen Chili con Carne. Mit den folgenden Rezepten beeindruckst du nicht nur deine Freunde; auch bei den Mädels kommt etwas Süßes bestens an! Probier's aus und schau, was dann noch alles möglich ist …

MOUSSE AU CHOCOLAT

Beide Kuvertüresorten hacken und über einem heißen Wasserbad langsam unter gelegentlichem Rühren schmelzen.

Ei, Eigelb und Salz über dem nicht allzu heißen Wasserbad (bei zu hoher Temperatur gerinnt das Ei) in ca. 5 Minuten dickcremig schlagen. Vom Herd nehmen und die geschmolzene Kuvertüre unterrühren. Die Mischung wieder auf das Wasserbad setzen und nach Belieben mit Orangenlikör und Zimt zu einer glatten Creme rühren.

Anschließend die Schüssel mit der Creme in ein Eiswasserbad stellen, damit sie möglichst schnell abkühlt, währenddessen öfter umrühren.

Die Sahne halbsteif schlagen. Ein Drittel davon unter die abgekühlte Creme rühren, den Rest behutsam unterheben, sodass eine lockere Mousse entsteht. Diese in eine flache Schüssel geben, glatt streichen und mindestens 4 Stunden kalt stellen, damit sie etwas fester wird. Zum Servieren mit gehobelter Schokolade bestreuen.

100 g Zartbitterkuvertüre

50 g Vollmilchkuvertüre

1 Ei

1 Eigelb

1 Prise Salz

1 EL Orangenlikör nach Belieben

1 Prise Zimt

300 ml Sahne

gehobelte Vollmilchschokolade zum Servieren

CRÈME BRÛLÉE

1 Vanilleschote
300 ml Sahne
200 ml Milch
4 Eigelb
40 g feiner Zucker
1 TL feiner Abrieb von 1 Bio-Orange nach Belieben

Außerdem:
60 g brauner Zucker zum Karamellisieren
1 Bunsenbrenner

Die Vanilleschote längs aufschlitzen und mit der Sahne und der Milch in einem kleinen Topf aufkochen. Den Topf vom Herd nehmen und die Schote entfernen. Die Eigelbe mit dem Zucker in einer Schüssel cremig rühren, dann behutsam die nicht mehr allzu heiße Vanillesahne zugießen und nach Belieben den Orangenabrieb untermischen.

Den Backofen auf 120 °C vorheizen. Die Vanillemasse auf 4–6 ofenfeste Förmchen verteilen. Diese in ein tiefes Backblech oder eine Auflaufform setzen und so viel kaltes Wasser in das Blech oder die Auflaufform gießen, dass die Förmchen halbhoch im Wasserbad stehen. Die Creme 30–35 Minuten im Ofen stocken lassen, bis sie am Rand fest, in der Mitte aber noch leicht feucht und wabbelig ist.

Die Förmchen aus dem Wasserbad nehmen und die Creme auf Zimmertemperatur abkühlen lassen. Für mindestens 4 Stunden, besser über Nacht, abgedeckt kalt stellen. Vor dem Servieren den Zucker gleichmäßig auf die Creme streuen und mit einem Bunsenbrenner mit langsamen, kreisförmigen Bewegungen karamellisieren. Aufpassen, dass er nicht zu dunkel wird!

ZITRONENSORBET

1 Zitrone heiß abwaschen, trocken tupfen und die Schale fein abreiben. Den Saft beider Zitronen auspressen.

In einem Topf 320 ml Wasser, Zucker, Zitronenabrieb und Thymian aufkochen, dabei rühren, bis sich der Zucker komplett aufgelöst hat. Dann den Zitronensaft in den Sirup rühren und die Mischung vollständig auskühlen lassen. Durch ein feines Sieb gießen und den Thymian entfernen.

Das Eiweiß steif schlagen und vorsichtig mit einem Schneebesen unter die Zitronenmischung ziehen. Die Sorbetmasse ins Gefrierfach stellen und in ca. 3 ½ Stunden gefrieren lassen. Dabei alle 30 Minuten einmal durchrühren, damit sich keine größeren Eiskristalle bilden. Kurz vorm Servieren das Sorbet mit einem Mixstab aufschlagen, sodass es schön cremig wird. Nochmals für 10 Minuten in den Gefrierschrank stellen.

Währenddessen die Minze abbrausen, trocken tupfen und die Blättchen abzupfen. Die halbe Zitrone in dünne Spalten schneiden. Das Zitronensorbet mit einem Eisportionierer auf kleine Dessertteller verteilen und mit Minzeblättchen und Zitronenspalten garniert servieren.

2 Bio-Zitronen
160 g feiner Zucker
2–3 Zweige Zitronenthymian
1 frisches Eiweiß

Außerdem:
2 Stängel Minze
½ Bio-Zitrone

PEANUT BUTTER BROWNIES

Für 1 quadratische Backform (à 20 cm)

70 g Mehl
2 EL Kakaopulver
1 TL Backpulver
1 kräftige Prise Salz
1 Prise Zimt
100 g Zartbitterschokolade
50 g Vollmilchschokolade
170 g Butter
100 g cremige Erdnussbutter
2 EL Puderzucker
3 Eier
140 g feiner Zucker

Den Backofen auf 180 °C (Umluft 160 °C) vorheizen. Die Backform sorgfältig mit Backpapier auslegen.

In einer Schüssel Mehl, Kakao, Backpulver, Salz und Zimt mischen. Beide Schokoladensorten hacken, mit 140 g Butter über einem heißen Wasserbad unter Rühren langsam schmelzen und beiseitestellen. Die übrige Butter mit der Erdnussbutter und dem Puderzucker kurz über dem heißen Wasserbad erwärmen, dann mit dem Handrührgerät cremig rühren.

In einer weiteren Schüssel Eier und Zucker in 4–6 Minuten schaumig schlagen. Nach und nach zunächst die Schokoladenmischung, dann die Mehlmischung in mehreren Schritten behutsam unterrühren, bis ein homogener Teig entstanden ist. Dabei nicht zu lange rühren! Den Teig gleichmäßig in die vorbereitete Backform füllen. Die Erdnussbuttercreme darauf verteilen und mit einer Gabel nach Belieben marmorieren.

Die Backform in den Ofen stellen und den Teig ca. 30 Minuten backen. Anschließend vollständig auskühlen lassen und den Brownie in Stücke schneiden.

PANNACOTTA

Die Vanilleschote längs aufschlitzen und das Mark herauskratzen (das geht am besten mit dem Messerrücken). Milch, Sahne, Zucker, Vanillemark und die Schote (die noch ordentlich Vanillearoma abgibt) in einen Topf füllen und einmal kurz aufkochen, dann die Mischung bei niedriger Temperatur ca. 15 Minuten ziehen lassen. Den Topf vom Herd nehmen und die Schote entfernen.

Die Gelatine ein paar Minuten in kaltem Wasser einweichen, gut ausdrücken und in der noch heißen Sahnemischung unter Rühren auflösen. Die Pannacottamasse auf 4 kleine Portionsförmchen oder Tassen aufteilen. Diese abgedeckt in den Kühlschrank stellen und die Pannacotta in mindestens 5 Stunden fest werden lassen.

Die Beeren verlesen, vorsichtig waschen, putzen und ggf. halbieren oder vierteln. Die Pannacotta aus den Förmchen auf kleine flache Teller stürzen (dazu die Förmchen vorher am besten kurz in heißes Wasser tauchen) und mit Beeren und etwas Puderzucker garnieren.

1 Vanilleschote
200 ml Milch
300 ml Sahne
2 gehäufte EL feiner Zucker
3 Blatt weiße Gelatine

Außerdem:
frische Beeren zum Garnieren
Puderzucker zum Bestäuben

GEBACKENE BANANE MIT KARAMELLSOSSE

4 reife, aber noch feste Bananen
125 g Butter
150 ml Sahne
175 g brauner Zucker
½ TL Salz
½ TL Zimt
4 EL gehackte Mandeln

Die Bananen schälen und längs halbieren. In einer großen beschichteten Pfanne 1,5 EL Butter heiß werden lassen. 4 Bananenhälften mit den Schnittflächen nach unten hineingeben und 2–3 Minuten goldgelb anbraten. Vorsichtig wenden und auch von der anderen Seite in 2 Minuten etwas Farbe nehmen lassen. Auf 2 Teller verteilen. Mit den restlichen 4 Bananenhälften ebenso verfahren.

Die übrige Butter in der Pfanne zerlassen und Sahne, Zucker, Salz und Zimt einrühren. Die Mischung bei mittlerer bis hoher Hitze aufkochen, die Temperatur etwas reduzieren und die Karamellsoße mindestens 5 Minuten unter gelegentlichem Rühren köcheln lassen, bis sie eindickt. Aufpassen, dass sie nicht anbrennt!

Die Bananen mit warmer Karamellsoße beträufeln und mit gehackten Mandeln bestreut servieren.

Tipp: Besonders gut macht sich hierzu eine Kugel Vanilleeis!

EINFACHES TIRAMISU

In einer Schüssel die Eigelbe mit Zucker und Vanillezucker über einem heißen Wasserbad in ca. 5 Minuten schaumig schlagen. Dann die Schüssel in ein kaltes Wasserbad setzen, weiterrühren und nach und nach den Mascarpone unterziehen. Zuletzt den Orangenabrieb untermischen.

Espresso und Amaretto in einer kleinen Schüssel mischen. Die Hälfte der Löffelbiskuits kurz hineintauchen und den Boden der Glasform damit auslegen. Die Hälfte der Mascarponecreme auf den Löffelbiskuits verteilen und glatt streichen. Dann die restlichen Löffelbiskuits ebenfalls kurz tränken und gleichmäßig auf die Mascarponecreme legen. Die übrige Creme daraufgeben.

Das Tiramisu abdecken und für mindestens 4 Stunden kalt stellen. Kurz vor dem Servieren mit reichlich Kakaopulver bestäuben.

Für 1 kleine flache Glasform

2 frische Eigelb
1 gehäufter EL Zucker
1 Pck. Vanillezucker
250 g Mascarpone
1 TL Abrieb von 1 Bio-Orange
1 Tässchen kalter Espresso
1 EL Amaretto
ca. 150 g Löffelbiskuit

Außerdem:

ungesüßtes Kakaopulver zum Bestäuben

REZEPTVERZEICHNIS

**1. AFTER WORK –
SCHNELLE REZEPTE**

Blätterteigtarte mit Tomaten und Feta   14
Bratkartoffeln de luxe   17
Spaghetti Carbonara   18
Mais-Jalapeño-Puffer   21
Chefsalat   22
Reis-Gemüse-Pfanne mit Putenstreifen   25
Strammer Max   26
Scharfe Tomatensuppe   29
Sandwich-Variationen   30
Fussili mit Basilikumpesto   33
Rindersteak-Crostini   34
Kartoffelsuppe   37
Tex Mex Tortillas   38

**2. FÜR KÜCHENKAVALIERE –
REZEPTE ZUM VERFÜHREN**

Rucola mit Birne und Parmesan   43
Rinderfilet mit Rotweinsoße   44
Möhren-Kokos-Suppe   47
Brokkoli-Tarte   48
Pilz-Risotto   51
Rote-Bete-Carpaccio mit Walnüssen   52
Coq au Vin   55
Teriyaki-Hähnchen mit Couscous   56
Ziegenkäsetörtchen   59
Gebratene Seezunge   60
Rindfleisch-Thai-Curry   62

**3. BREAKFAST ALL DAY –
REZEPTE FÜR DEN MORGEN DANACH**

Pancakes mit Pekannüssen   67
Obstsalat mit Schuss   68
Chorizo-Rührei   71
Avocado-Tomaten-Omelett   72
Bananen-Smoothie   75
French Toast mit Ahornsirup   76
Thunfischsalat   79
Egg Benedict   80
Rollmöpse   83
Eingelegter Brathering   84

4. LOS, WIR GRILLEN! – REZEPTE MIT FEUER

Spareribs   89
Bratwurst mal anders   90
Gegrillte Lammkoteletts   93
Hähnchen-Paprika-Spieße   94
Würziger Schweinenacken   97
Köfte vom Grill   98
Marinierte Rib-Eye-Steaks   101
Amerikanischer Krautsalat   102
Zwiebel-Relish   105
Kräuter-Knoblauch-Butter   106
Scharfe Guacamole   109
Schnelle Aioli   109

5. MÄNNERABEND – REZEPTE FÜR FEUCHTFRÖHLICHE RUNDEN

Chili con Carne für alle   113
Pulled Pork Burger   114
Spaghetti Bolognese   117
Chicken Wings in süßscharfer Soße   118
Käse-Lauch-Suppe   121
Pizza-Variationen   122
Kartoffelsalat mit Speck   125
Mini-Cheeseburger   126
Biergeschmortes Rindfleischragout   129
Klassische Lasagne   130
Wiener Schnitzelplatte   133
Linseneintopf mit Speck   134
Mediterraner Nudelsalat   137

6. JETZT WIRD'S SÜSS – REZEPTE FÜR HINTERHER

Mousse au Chocolat   140
Crème brûlée   143
Zitronensorbet   144
Peanut Butter Brownies   147
Pannacotta   148
Gebackene Banane mit Karamellsoße   151
Einfaches Tiramisu   152

KÜCHENTRICKS

CHILIS PUTZEN
Chilis im Essen sind super – an rauen Händen können die scharfen Schoten aber ganz schön unangenehm brennen. Hier hilft es, die Hände nach dem Putzen und Schneiden mit Olivenöl einzureiben und erst dann mit Wasser und Seife zu waschen. Der Stoff Capsaicin, der das Brennen verursacht, ist nämlich öl-, jedoch nicht wasserlöslich.

EIER AUFSCHLAGEN
Wenn beim Eiaufschlagen mal wieder ein Stück Schale in der Schüssel gelandet ist, einfach den Finger anfeuchten, dann bleibt beim Herausfischen die Schale am Finger haften.

EIER TRENNEN
Du hast gedankenverloren die Eier aufgeschlagen und jetzt erst gemerkt, dass Eiweiß und Eigelb eigentlich getrennt werden sollten? Halb so schlimm, solange eine Plastikflasche in der Nähe ist! Die Flasche ausspülen, leicht zusammendrücken und über dem Eigelb platzieren. Nun den Druck auf die Flasche reduzieren, sodass das Eigelb durch den Unterdruck in die Flasche gesogen wird. Um es wieder zu befreien, die Flasche eindrücken.

FRISCHE EIER
Wenn du dir unsicher bist, wie alt ein Ei ist und ob du es noch verwenden kannst, hilft dieser Trick: Füll ein hohes Glas mit Wasser und gib das Ei hinein. Sinkt es auf den Boden, ist es frisch – alles bestens! Stellt es sich auf, ist es ca. 1 Woche alt – auch noch alles gut. Steigt es allerdings auf und schwimmt an der Oberfläche, ist es verdorben – schnell weg damit!

GRÜNE AVOCADO
Da das ausgelöste Fruchtfleisch einer Avocado an der Luft schnell oxidiert und braun wird, sollte man den Kern nicht gleich entsorgen, sondern bis zum Servieren auf die Guacamole legen. Er enthält nämlich ein Enzym, das die unschöne Färbung verlangsamt. Außerdem das Avocadofruchtfleisch sofort mit Limetten- oder Zitronensaft mischen!

Reife Früchte erkennt man von außen mit einem sanften Druck von Zeigefinger und Daumen. Die Schale sollte leicht nachgeben, die Frucht sich aber nicht matschig anfühlen oder Druckstellen aufweisen.

KRÄUTERBUTTER PORTIONIEREN
So lässt sie sich für das leckere Steak vom Grill gut portionieren und schön anrichten: Die fertige Butter auf ein Stück Frischhaltefolie geben, diese eng aufrollen und die Enden fest zudrehen, sodass du eine ca. 3 cm dicke Rolle erhältst. Die Rolle kalt stellen und kurz vor der Verwendung für 30 Minuten ins Gefrierfach legen. Anschließend in 0,5 cm dicke Scheiben schneiden und diese dachziegelartig auf einem kalten Teller anrichten.

KROSSER BACON
So wird dein Bacon phänomenal gut und richtig kross: Ein Backblech mit Alufolie auslegen und darauf die Speckstreifen nebeneinander verteilen. Dann im vorgeheizten Backofen bei 190 °C 10–15 Minuten backen, statt in der Pfanne zu braten. So wird der Bacon gleichmäßig knusprig und ist nicht so fettig!

PFANNKUCHENLIEBE

Für ein gemeinsames Frühstück im Bett sind Pfannkuchen in Herzform genau das Richtige. Einfach den Deckel einer Plastikflasche einstechen, Pfannkuchenteig in die Flasche füllen und zuschrauben. Damit die Umrisse eines Herzens in die heiße Pfanne „malen", leicht fest werden lassen und mit Teig ausfüllen. Fertig backen und den Augenschmaus gemeinsam genießen.

PILZE PUTZEN

Pilze solltest du nie unter Wasser abspülen, da sie sich nur allzu gern vollsaugen und dadurch an Geschmack verlieren – besser mit Bürste, Pinsel oder scharfem Messer putzen und mit einem Küchentuch vorsichtig sauber reiben.

SALAT WASCHEN

Salate waschen, aber niemals im Wasserbad liegen lassen! Dann gehen nämlich wertvolle Vitamine und Mineralien ins Wasser über und landen im Abfluss statt im Essen.

SALATDRESSING

Ein leckeres klassisches Salatdressing herzustellen ist kinderleicht, wenn du folgende Regel beachtest: Das Verhältnis zwischen Säure (z. B. durch Essig, Limetten- oder Zitronensaft) und Öl sollte je nach Geschmack 1:2 oder 1:3 betragen. Außerdem wichtig: eine kräftige Prise Salz und Zucker, wobei Letzterer auch gut durch Ahornsirup oder Honig ersetzt werden kann.

SALATSCHLEUDER

Hast du gerade keine Salatschleuder zur Hand? Den Salat einfach in ein sauberes Küchentuch packen, die Enden zusammennehmen und ordentlich schleudern. Aber Vorsicht, es könnte nass werden!

SEKTKÜHLER

Du hast vergessen, den Schampus kalt zu stellen, und deine Auserwählte steht schon vor der Tür? Kein Problem! Einfach eine Handvoll grobkörniges Salz zum Eis im Sektkühler geben. Das Salz beschleunigt den Wärmeaustausch zwischen dem Wasser im Kübel und dem Inhalt der Flasche, so kühlt der Sekt in kurzer Zeit auf wenige Grad ab.

ÜBERSPRUDELNDES KOCHWASSER

So kocht das Nudelwasser garantiert nicht mehr über: Du legst einfach einen Kochlöffel aus Holz quer über den Topf. Das Holz nimmt das Wasser auf, sobald es bis zum Rand des Topfes steigt, und dein Herd ist vor der nächsten Überflutung gerettet.

ZUCCHINI KAUFEN

Je größer eine Zucchini, desto geschmacksärmer und pelziger ist das Fruchtfleisch. Deshalb lieber kleine Zucchini (maximal 20 cm) kaufen!

ZWIEBEL SCHÄLEN

Die Zwiebeln wollen geschnitten werden, aber du hast keine Lust auf Tränen? Einfach Hände, Schneidebrett und Messer unter Wasser halten. Dann die Zwiebeln unter Wasser schälen und mit dem nassen Messer auf dem nassen Brett schneiden. Das Messer sollte allerdings scharf sein, da stumpfe Klingen die Zellen der Zwiebel quetschen und so noch mehr reizende Stoffe freigesetzt werden.

REGISTER

A
Ahornsirup   21, 75, 76, 97
Aioli   22, 94, 109
Amaretto   152
Amerikanischer Krautsalat   102
Ananas   68, 75
Apfel   68
Avocado   38, 72, 109, 156
Avocado-Tomaten-Omelett   72

B
Bacon   26, 30, 90, 156
Banane   75, 151
Bananen-Smoothie   75
Barbecuesoße   114
Basilikum   10, 14, 29, 30, 33, 117, 137
Beeren   76, 83, 148
Bier   129
Biergeschmortes Rindfleischragout   129
Birne   43, 68
Blätterteig   14, 59
Blätterteigtarte mit Tomaten und Feta   14
Bratkartoffeln de luxe   17
Bratwurst mal anders   90
Brokkoli   48
Brokkolitarte   48

C
Cayennepfeffer   94, 114, 133
Chefsalat   22

Chicken Wings in süß-scharfer Soße   118
Chili   10, 21, 25, 29, 38, 48, 56, 72, 89, 93, 98, 105, 106, 109, 113, 118, 156
Chili con Carne … für alle!   113
Chorizo   71, 122
Chorizo-Rührei   71
Coq au Vin   55
Couscous   10, 56
Crème fraîche   14, 38, 48, 102, 121
Crème brûlée   143
Currypaste   62
Currypulver   10, 56

E
Egg Benedict   80
Einfaches Tiramisu   152
Eingelegter Brathering   84
Erdnussbutter   147
Estragon, getrocknet   10, 37

F
French Toast mit Ahornsirup   76
Frühlingszwiebel   30, 38, 47, 125
Fussili mit selbstgemachtem Basilikumpesto   33

G
Gebackene Banane mit Karamellsoße   151
Gebratene Seezunge   60

Gegrillte Lammkoteletts   93
Gelatine   148
Gurke   22, 26, 30, 83, 114

H
Hackfleisch   38, 98, 113, 117, 121, 126
Hähnchen   55, 56, 94, 118
Hähnchen-Paprika-Spieße   94
Hefe   122
Hering   83, 84

I/J
Ingwer   47, 97, 101
Jalapeño   21

K
Kalbsfilet   133
Kapern   60, 83
Kartoffel   17, 37, 60, 125
Kartoffelsalat mit Speck   125
Kartoffelsuppe   37
Käse   14, 18, 21, 22, 29, 30, 33, 34, 43, 48, 51, 52, 59, 117, 121, 122, 130, 137
Käse-Lauch-Suppe   121
Ketchup   22, 89, 118, 126
Klassische Lasagne   130
Knoblauch   29, 33, 34, 38, 48, 51, 55, 62, 71, 89, 93, 94, 97, 98, 101, 106, 109, 113, 114, 117, 122, 129, 134
Knollensellerie   134
Kochschinken   22, 26

Köfte vom Grill 98
Kokoslikör 68
Kokosmilch 10, 47, 62
Koriander 10, 38, 56, 62, 93, 98, 109, 118
Kräuter-Knoblauch-Butter 106
Kreuzkümmel 10, 38, 56, 93, 98, 113, 114, 118
Kurkuma, gemahlen 10, 25

L
Lamm 93, 98
Limette 38, 62, 68, 72, 94, 101, 109, 156, 157
Linsen 134
Linseneintopf mit Speck 134
Löffelbiskuit 152
Lorbeerblätter 83, 84, 117, 129

M
Mais 21
Mais-Jalapeño-Puffer 21
Mandel 47, 151
Mango 68
Mascarpone 152
Marinierte Rib-Eye-Steaks 101
Mayonnaise 30, 79, 102, 114
Mediterraner Nudelsalat 137
Mettwurst 134
Mini-Cheeseburger 126
Minze 68, 98, 144
Möhre 25, 47, 55, 84, 102, 117, 129, 134
Möhren-Kokos-Suppe 47
Mousse au Chocolat 140
Muskatnuss 10, 37, 48, 130

N
Naturjoghurt 21, 22, 79, 133
Nürnberger Rostbratwürstchen 90
Nuss 52, 62, 67

O
Obstsalat mit Schuss 68
Oliven 117, 122, 137
Orange 68, 97, 143, 152
Orangenlikör 140
Oregano 10, 14, 122, 137

P
Pancakes mit Pekannüssen 67
Pannacotta 148
Paprika 10, 25, 26, 30, 62, 71, 90, 94, 98
Paprikapulver 26, 56, 71, 114, 113, 118, 133
Parmaschinken 30
Pasta 10, 18, 33, 117, 130
Peanutbutter Brownies 147
Peperoni 30
Petersilie 10, 18, 26, 37, 51, 60, 106, 109, 125, 133, 134
Pilze, gemischt 51, 55, 129, 157
Pilz-Risotto 51
Pizza-Variationen 122
Pinienkerne 33, 43, 56, 137
Portwein 105
Pul Biber 98
Pulled Pork Burger 114
Putenbrustfilet 25

R
Reis 10, 25, 51, 59, 62
Reis-Gemüse-Pfanne mit Putenstreifen 25
Rib-Eye-Steak 101
Rinderbrühe 113, 117, 121, 129
Rind 34, 38, 44, 62, 113, 126, 129
Rinderfilet mit Rotweinsoße 44
Rinderfond 44
Rindersteak-Crostini 34
Rindfleisch-Thai-Curry 62

Rollmöpse 83
Rosmarin 10, 44, 55, 93, 97, 117
Rote Bete, vorgegart 52
Rote-Bete-Carpaccio mit Walnüssen 52
Rucola 34, 43
Rucola mit Birne und Parmesan 43
Rumpsteaks 34

S
Sahne 29, 37, 140, 143, 148, 151
Sahnemeerrettich 133
Salami 30
Salat 22, 30, 38, 43, 52, 59, 68, 79, 97, 102, 125, 126, 137, 157
Sandwich-Variationen 30
Schalotte 18, 25, 37, 48, 51, 52, 55, 62, 71, 84, 89, 93, 94, 101, 114, 121, 122, 125, 129
Scharfe Guacamole 109
Scharfe Tomatensuppe 29
Schinken, geräuchert 26
Schnelle Aioli 109
Schnittlauch 10, 21, 37, 71, 72, 80, 106
Schwein 89, 97, 114
Seezunge 60
Senf 10, 52, 83, 84, 89, 109, 114, 118, 125, 126, 133, 137
Senfkörner, gelbe 83, 84
Sojasoße 10, 89, 101, 118
Speck 17, 18, 37, 80, 117, 125, 129, 134, 156
Spaghetti Bolognese 117
Spaghetti Carbonara 18
Spareribs 89
Staudensellerie 51, 117
Strammer Max 26
Strudelteig 48

T
Teriyaki-Hähnchen mit Couscous   56
Teriyakisoße   56
Tex Mex Tortillas   38
Thunfisch   79
Thunfischsalat   79
Thymian   10, 14, 17, 29, 37, 44, 51, 55, 59, 93, 94, 97, 105, 117, 122, 129, 137 , 144
Tomate   10, 14, 29, 30, 38, 72, 79, 113, 117, 122, 126, 137
Tomatenmark   29, 114, 117
Trauben   68

V / W
Vanille   10, 67, 76, 143, 148, 151, 152
Weißkohl   102
Weizentortillas   38
Wiener Schnitzelplatte   133
Worcestersoße   80, 114, 129
Würziger Schweinenacken   97

Z
Ziegenkäsetörtchen   59
Zimt   10, 75, 76, 113, 118, 140, 147, 151
Zitrone   21, 43, 60, 75, 79, 80, 93, 102, 109, 133, 144, 156, 157
Zitronensorbet   144
Zucchini   25, 90, 157
Zwiebel   17, 29, 30, 38, 44, 47, 59, 79, 83, 90, 94, 98, 102, 105, 109, 113, 144, 117, 122, 125, 126, 134, 157
Zwiebel-Relish   105

Das TLC-Fotostudio ist ein Komplettanbieter für Food-Fotografie, von der Konzeption bis zur grafischen Gestaltung. Das vielseitige und professionelle Team aus Fotografen, Köchen und Stylisten kreiert schon seit über 35 Jahren Fotos, die einem das Wasser im Mund zusammenlaufen lassen.

5 4 3 2 1   28 27 26 25 24
ISBN 978-3-7567-1025-6
Text: Christin Geweke
Fotos: TLC Fotostudio
Covergestaltung: Tessa Kock
Layout: Stefanie Wawer
Satz: typocepta/FSM Premedia GmbH & Co. KG
Redaktion: Nicola-Kim Raschdorf
Herstellung: Dana Günther
Litho: FSM Premedia GmbH & Co. KG

© 2024 Hölker Verlag in der Coppenrath Verlag GmbH & Co. KG, Hafenweg 30, 48155 Münster, Germany

Alle Rechte vorbehalten, auch auszugsweise

www.hoelker-verlag.de

Für mehr Rezepte, Inspirationen und Einblicke aus dem Verlag folgen Sie auch unserem **Instagram-Kanal: @hoelkerverlag**